L'ÉPISCOPAT PROVENÇAL AU XVIIIme SIÈCLE

NOTICE

SUR

Mgr JEAN-BAPTISTE DE SURIAN

ÉVÊQUE DE VENCE

(1727-1754)

PAR LE R. PÈRE DOM THÉOPHILE BÉRENGIER

O. S. B.

MARSEILLE
IMPRIMERIE MARSEILLAISE
Rue Sainte, 39

—

1895

1727
1754

L'ÉPISCOPAT PROVENÇAL AU XVIIIme SIÈCLE

NOTICE

SUR

MGR JEAN-BAPTISTE DE SURIAN

ÉVÊQUE DE VENCE

(1727-1754)

PAR LE R. PÈRE DOM THÉOPHILE BÉRENGIER

O. S. B.

MARSEILLE
IMPRIMERIE MARSEILLAISE
Rue Sainte, 39

—

1894

Armoiries de Mgr Jean-Baptiste de Surian

A M. OCTAVE DE SURIAN

AGENT DE CHANGE

C'est à un SURIAN *que je dois dédier cette biographie, non seulement parce qu'il porte très dignement, à Marseille, le nom de l'illustre* EVÊQUE DE VENCE, *qui est une des gloires de notre pays, mais aussi parce qu'il reproduit parmi nous cet amour de la famille chrétienne et de la terre provençale qui caractérisait ses ancêtres.*

J'ajouterai qu'un moine de Saint-Victor, FRANÇOIS DE SURIAN, *pourvu du très riche prieuré des Saints Nérée et Aquilée, après avoir protesté très énergiquement contre la sécularisation de l'antique abbaye marseillaise, renonça à ce grand bénéfice et alla s'enfermer à la Trappe où il mourut très saintement, laissant à sa pieuse famille ce bel exemple de renoncement monastique.*

Dom TH. BÉRENGIER, O. S. B.

NOTICE

SUR

Mgr JEAN-BAPTISTE DE SURIAN

ÉVÊQUE DE VENCE

1727-1754

Il manquerait, croyons-nous, un fleuron à la couronne épiscopale que nous avons essayé de former autour de Mgr de Belsunce, si nous ne parlions pas du doux et éloquent évêque de Vence, qui fut l'émule de Massillon dans la chaire chrétienne. Quoique d'un caractère tout différent de l'illustre évêque de Marseille, Surian se montra aussi ferme que lui dans la défense de la vérité catholique, malgré les nombreuses relations et amitiés qu'il conserva dans le parti opposé où se trouvaient plusieurs de ses anciens collègues de l'Oratoire.

I

Il appartenait à une ancienne et noble famille, dont les nombreux représentants en Italie et en Provence prétendaient, dit l'abbé Rosne[1], avoir suivi Godefroy de Bouillon à la première croisade et même en avoir rapporté leur nom actuel ; en effet, au Moyen Age, le mot Surian ou *Syrianus* se rapporte à un homme venant de Syrie. Cette famille était depuis longtemps partagée en deux branches : l'une française et l'autre italienne. Nous laisserons de côté celle d'Italie, qui a pourtant produit des hommes distingués[2], pour nous occuper uniquement de celle de France.

Elle s'était implantée surtout à Marseille, à Arles et dans la jolie petite ville de Saint-Chamas, située sur l'étang de Berre. A Marseille, on trouve, dès l'année 1187, Jacques Surian qui figurait comme témoin dans un des actes les plus anciens des Frères hospitaliers du Saint-Esprit, dont la confrérie remonte au commencement du XIIe siècle ; au XVIe siècle, un Surian était gouverneur de la ville de Sedan. Il reçut du fameux Blaise de Montluc, qui paraît en avoir fait grand cas, la curieuse lettre que l'on va lire :

« Monsieur de Surian, je ne sçay si vous estes mort ou vif ou si je suis du tout mort à vostre souvenance. J'ay chargé de ce mot le sieur Baisly, mon Enseigne, afin que

[1] *Surian, prêtre de l'Oratoire, évêque de Vence, de l'Académie française.* Nous ferons de fréquents emprunts à cette biographie si intéressante, et avec d'autant plus de liberté que nous avons, dans le temps, cédé à l'auteur la plupart des renseignements locaux qui lui ont permis de la donner au public et que l'on nous offrait pour écrire une notice sur Mgr de Surian dans notre galerie de l'*Episcopat provençal au XVIIIe siècle.* C'est alors que nous nous sommes réservé de parler, un jour, plus spécialement de l'épiscopat de cet éloquent pontife, en laissant à M. Rosne tout ce qui concernait l'art de bien dire chez l'illustre Oratorien.

[2] Entre autres, Jean Suriano et Michel Suriano, tous deux ambassadeurs de la puissante République de Venise.

s'il peut trouver le moyen de vous le faire tenir, je puisse, à son retour, avoir ce bien d'entendre de vos nouvelles et s'il est vray que vous m'ayés du tout oublié. Pour mon regard, je vous assure que si je continue en la mesme volonté que j'ay toujours eue à vostre endroit, je demeureray pour jamais vostre vray frère et plus fidèle ami.

« (*Signé*) DE MONTLUC[1]. »

Suit une lettre fort amicale du roi François II à son cher et bien-aimé Claude de Surian, où il dit en propres termes : « A ces causes, aïant pleine confiance en vostre personne, à vostre suffisance et expérience au faict des armes, nous vous avons, par ces présentes, donné et donnons la charge de capitaine de la compagnie de deux cents hommes de guerre à pieds que tenoit le sieur de Leveaucourt, vacante par son trépas, pour icelle commander, mener et exploiter à la guerre selon qu'il vous sera par nous ou nostre lieutenant général ordonné......

« Donné à Steney, le douze décembre 1559.

« (*Signé*) FRANÇOIS. »

Si nous donnons *in extenso* ces deux pièces, c'est que l'on a fait sur la prétendue bassesse d'extraction des Surian une légende qui manque absolument de fondement[2].

[1] Cette lettre et la suivante sont tirées des archives de la préfecture des Bouches-du-Rhône, série B, Sénéchaussée de Marseille. Insinuations, reg. 14, f. 29, verso.

[2] Ce sont surtout les Jansénistes, grands adversaires de Mgr de Surian, qui, dans leurs *Nouvelles Ecclésiastiques*, se sont faits les échos de ces bruits injurieux.

Nous ne la rapporterons point ici, parce qu'elle tient plus du roman que de l'histoire.

A Arles, un Surian fut, au XVIe siècle, chanoine de la collégiale de Sainte-Marie-Majeure ; en 1559, un autre membre de cette illustre famille, Denys de Surian, fut capitaine de la ville et Trophime de Surian troisième consul d'Arles. Le fils de ce dernier administra longtemps, avec les Suffren et les Cadenet, le canal de Craponne. A Saint-Chamas, quoique dans une situation moins élevée et traités même de *bourgeois*, les parents de notre évêque avaient occupé plusieurs fois le consulat de leur ville natale. Ils possédaient dans son territoire de grandes terres dont la belle propriété *la Suriane* était un des restes et l'un d'eux restaurait le magnifique pont romain qui a pris le nom de *Pont Surian*. C'est dans cette branche et à Saint-Chamas que naquit, le 20 septembre 1670, Jean-Baptiste Surian, dont nous voulons retracer la vie et surtout l'épiscopat.

II

Son père, Joseph Surian, premier consul à Saint-Chamas, possédait de vastes propriétés ; mais il avait neuf enfants et cette bénédiction de son mariage avec la pieuse Marguerite de Broglia[1], une véritable femme forte comme la décrit le livre de la Sagesse, ne lui permit pas de donner à chacun de ses enfants une *légitime* bien consi-

[1] Elle appartenait à la branche italienne et provençale de la grande famille de Broglie.

dérable[1]. Mais sa vertueuse épouse sut y pourvoir en consacrant sa vie entière à l'éducation de ses nombreux enfants. Elle en fut bien récompensée, puisque quatre de ses fils embrassèrent l'état ecclésiastique. C'étaient Cosme, qui devint chanoine régulier à Lambesc; Balthazard, qui fut prêtre séculier; Jean-Baptiste, le futur évêque de Vence, et Joseph qui entra dans l'Oratoire.

Jean-Baptiste fit ses premières études dans la petite cité des Martigues, assise à l'entrée de l'étang de Berre dont les canaux la divisent en trois îlots d'inégale grandeur, ce qui l'a fait surnommer la Venise de Provence. Bientôt la rare intelligence de l'enfant obligea ses maîtres à déclarer qu'ils n'avaient plus rien à lui apprendre. C'est alors que sa famille résolut de l'envoyer au collège de Juilly dirigé avec beaucoup de succès par les Oratoriens. C'est là que le jeune Surian acheva avec honneur ses études, n'ayant pas encore atteint sa quinzième année.

Il retourna alors dans sa chère Provence, pour s'y retremper dans les affections de la famille, mais avec la secrète et ferme résolution de se donner bientôt au Seigneur dans la congrégation de l'Oratoire. Cependant son père voulait en faire un commerçant et comptait pour la réussite de ce projet sûr le concours de son parent Joa-

[1] Il en était tout autrement du chef des Surian à Marseille. Joachim de Surian, échevin de Marseille, avait géré pendant quelque temps le consulat français à Constantinople et sa fortune était immense. Il montrait aussi, dit l'abbé Rosne, une charité inépuisable; sa bourse était toujours ouverte aux parents, aux amis, aux pauvres surtout. Cependant il put laisser un million à chacun de ses fils et 137,000 livres à chacune de ses six filles, très honorablement mariées en Provence. L'une d'elles entra même plus tard dans une des meilleures familles du diocèse de Vence, grâce à l'influence et à la renommée de notre prélat.

chim de Surian, premier échevin de Marseille et fort riche. « Heureusement, dit le biographe déjà cité, Magdeleine de Broglia pensait tout autrement. C'était une femme de tête et de cœur, qui exerçait un grand ascendant sur son mari. Elle avait toujours suivi attentivement, de loin, les progrès de son fils : sans doute, elle profita de la présence de Jean-Baptiste à Saint-Chamas, pour pénétrer jusqu'au fond de son âme. Soit qu'elle eût tout deviné, et nous sommes bien disposé à l'admettre sans preuve, soit que l'enfant lui eût spontanément révélé l'état de son âme, elle avait déjà conclu pour l'avenir de Jean-Baptiste. La mère et la chrétienne s'accordaient en elle pour n'exposer ni ces talents naissants, ni cette tendre piété à se dessécher dans le négoce. Elle usa donc de toute son autorité pour détourner son mari de l'idée qu'il avait caressée, puis Jean-Baptiste s'ouvrit à lui et cet aveu précipita la décision. Joseph Surian se rendit, mais parce qu'il avait foi dans les lumières supérieures de son épouse, bien plus que pour respecter des aspirations, à son avis peu sûres, du lendemain [1]. » Deux mois plus tard, Jean-Baptiste entrait à l'Oratoire d'Aix [2] pour y faire l'année de l'institution (noviciat), et trois mois s'étaient à peine écoulés qu'il y voyait entrer son cousin Jean de Broglia, en attendant que neuf années plus tard son propre frère Joseph vînt le rejoindre dans sa chère congrégation.

[1] *Surian, prêtre de l'Oratoire*, p. 11.

[2] Voici en quels termes le Registre de l'Oratoire d'Aix mentionne l'arrivée de notre jeune homme : « Jean-Baptiste Surian, de Saint-Chamas, diocèse d'Arles, reçu le 15 octobre 1685, âgé de seize ans. »

III

Nous allons suivre maintenant le Père Surian dans toutes les maisons de l'Oratoire où il enseigna, avant de monter dans les grandes chaires de la province et de la capitale. Après son année d'institution à Aix, Jean-Baptiste dut, par ordre du Père de Sainte-Marthe, supérieur général des Oratoriens, se rendre à Marseille, afin de s'y instruire dans les *sciences physiques*, comme l'on disait à cette époque. Il y trouva Massillon qui professait la troisième et contracta, dès lors, avec cet illustre Oratorien, une étroite amitié qui dura toute leur vie, tant ces deux méridionaux, doux et modérés, semblaient faits l'un pour l'autre. Mais Surian eut à subir, dans la maison de Marseille, la direction du trop célèbre Père Marrot, le plus ardent et le plus dangereux des Jansénistes provençaux de cette époque et qui devait bientôt créer, dans la solitude de Notre-Dame des Anges, près d'Aix, la maison de retraite que l'on a appelée avec raison le *Port-Royal de la Provence* [1]. Heureusement l'année suivante, le jeune Oratorien put échapper à ce dangereux supérieur pour étudier la théologie à l'Oratoire d'Arles.

De cette ville il fut envoyé à Pézenas pour y professer la cinquième, puis la quatrième à Toulon (1691). Il y resta cinq années et y professa successivement la troisième, la seconde et la rhétorique. C'est à Toulon, où il était déjà

[1] Voir, dans les *Souvenirs inédits sur la vie de Mgr de Belsunce*, des détails curieux et peu connus sur l'existence et sur la mort de ce chef d'hérétiques. — Marseille, librairie V. Boy.

revêtu de l'ordre sacré du diaconat, qu'on l'appela à la prêtrise en 1695. Mais sa conscience délicate et son humilité le portèrent à demander six mois de délai pour se mieux préparer à la grâce insigne du sacerdoce, qu'il reçut le samedi de la semaine de la Passion. Ce fut ainsi qu'il donna à son jeune frère Joseph, alors professeur de cinquième à l'Oratoire d'Aix, l'exemple de la consécration sacerdotale.

L'année 1696, Surian fut nommé directeur des études au collège de Toulon ; mais, six mois plus tard, ses supérieurs l'envoyaient de nouveau à Marseille pour y professer la rhétorique. C'est alors que, craignant de retomber sous le joug du Père Marrot, supérieur de cet Oratoire et peu soumis, comme le remarque l'abbé Rosne, à l'Eglise, quoiqu'il exigeât qu'on le fût à ses sentiments personnels et entièrement jansénistes, le Père Surian obtint, après de longues négociations, qui durèrent presque toutes les vacances, de professer la même classe à Montbrison. Il s'éloigna donc et pour de longues années de sa chère Provence, comme l'avaient fait avant lui Massillon, son ami de cœur, et l'aimable et éloquent Père Maure, qui était aussi son compatriote.

Surian avait donc, comme la plupart de ses confrères, consacré les meilleures années de sa jeunesse à l'enseignement, qui occupait une si grande place dans la congrégation de l'Oratoire. Il venait d'atteindre sa vingt-septième année et s'était abstenu jusqu'alors de la chaire, car ses études théologiques étaient à peine commencées. Ce fut à la résidence de Notre-Dame des Ardilliers, à Saumur, que le supérieur général l'envoya, en 1697, pour y terminer son cours de théologie et s'y préparer au saint ministère et surtout à la prédication. Dans cette studieuse retraite, il était déchargé de tout souci extérieur ; il n'avait qu'à songer à son propre avancement dans la science et la vertu ; aussi s'appliqua-t-il uniquement à l'étude et à la prière. Sa rare intelligence, exercée et mûrie par un professorat où il avait parcouru avec une prudente lenteur tous les degrés de l'enseignement des lettres, devait déployer toute la vigueur dont elle était capable. La rapidité de la perception, la sûreté du jugement, la continuité de l'effort, tout se réunissait en lui pour donner à bref degré de grands résultats. Au bout de deux années, le 16 octobre 1699, il fut envoyé à Caen. Les Pères de cette maison étaient destinés à la prédication et c'était là que Surian devait faire ses premières armes [1].

C'était la sage conduite qu'avaient tenue les Pères de l'Oratoire pour Massillon et pour le Père Maure. Surian lui-même avouait qu'il ne connaissait pas assez la sainte Ecriture, les Pères et les grands théologiens, et il s'astreignit durant trois années encore à ne prêcher qu'en Normandie, et encore des sermons isolés, afin que cette initiation graduelle lui laissât le temps de se former plus entièrement et de mûrir tout à fait les fruits de son éloquence.

Ce fut à Caen, en 1702, que J.-B. Surian prêcha, durant l'Avent, sa première station, et il y réussit si heureusement qu'on lui demanda le Carême de l'année suivante. Vint ensuite le tour de Notre-Dame de Soissons (1705), puis de Montpellier (1706), d'Aix (1707), et le Père de la

[1] Rosne, *loco citato.*

Tour, le nouveau général de l'Oratoire, ayant alors entendu parler des succès de bon aloi du jeune Provençal, voulut le voir et déjà, dans sa pensée, le destina aux grandes chaires de la capitale ; aussi fit-il prendre par son conseil la décision d'appeler Surian à Paris.

IV

On était en l'année 1708. Les supérieurs de Surian le chargèrent, pour son coup d'essai dans la capitale, de prêcher les Dominicales du Carême dans la maison de Saint-Honoré. Il y eut un succès si complet, qu'on lui confia immédiatement l'Avent aux Quinze-Vingts. Dès lors, il fut agrégé à l'Oratoire de Paris, qui comptait près de cinquante confrères, parmi lesquels on distinguait Malebranche, Massillon et les hommes les plus distingués de la congrégation.

On y vivait pieusement et joyeusement alors, car le sombre jansénisme n'y avait pas encore divisé les esprits. Laissons parler le dernier biographe de Surian : « Malebranche souriait aux saillies spirituelles de ses confrères et, dit Surian dans ses cahiers intimes [1] : la profondeur de ses connaissances ne lui ôtait rien de l'agrément de son commerce. Il sut être, en même temps, un savant homme de société ; il donnait des grâces aux sciences les plus abstraites. » On peut croire que Surian, dont l'aménité s'accommodait pourtant d'une pointe d'inoffensive railleries, se plut singulièrement à ces réunions des

[1] Ils sont encore conservés au presbytère de la petite cité de Vence.

anciens de la maison, jusqu'au moment déplorable où il y trouva des adversaires.

Quant à la jeunesse oratorienne, dit l'abbé Rosne, sa gaiété était naturellement plus bruyante. Si un ami du noviciat arrivait de province, c'étaient des causeries sans fin, des éclats que parfois on réprimait trop peu. Il fallait bien échanger les nouvelles du dehors contre celles du dedans. Il n'y a pas de rires plus francs que ceux qui résonnent sous les cloîtres. Les *carabins,* c'était le nom qu'on donnait familièrement aux jeunes confrères, ne respectaient pas toujours assez le sommeil de leurs aînés. L'un de ces bons vieillards, voulant concilier l'indulgence avec le soin de son repos, écrivit sur la cheminée de la salle des réunions cet aimable quatrain :

Du sommeil, sagement Bérulle fixa l'heure,
Plaise aux chers Carabins de l'observer ici,
Leur santé sera bien meilleure,
Et, sans façon, la mienne aussi.

C'est dans cet agréable milieu que Surian devait passer une vingtaine d'années. De 1710 à 1712, il prêcha le Carême ou l'Avent dans les églises les plus fréquentées de la capitale et, comme le dit son biographe, il lui suffisait de se montrer pour vaincre. La nature et l'art ne lui avaient rien refusé de ce qui peut constituer le grand orateur : un visage aux traits pleins de noblesse, un bel organe, une action mâle et rapide, remplacée, quand le sujet le demandait, par une onction pénétrante ; enfin, tous les dons oratoires étaient en lui à un degré éminent [1].

[1] *Ibidem.*

Sa réputation de grand orateur fut, dès lors, solidement établie. On le comparait volontiers à Massillon dont il avait la douceur et l'agrément, et, s'il se trouvait moins d'art dans sa diction, il y avait parfois un pathétique plus profond. Aussi l'aimait-on plus encore qu'on ne l'estimait et il jouissait, au milieu de ses succès oratoires, de l'affection de ses confrères, comme de la considération de ses supérieurs. Mais la maudite hérésie du Jansénisme vint malheureusement gêner et même interrompre ces travaux apostoliques, en détruisant du même coup cette douce vie de famille.

V

On sait qu'il y eut comme un redoublement de révolte intérieure et extérieure chez les sectaires après la publication de la bulle *Unigenitus*, par laquelle le grand pape Clément XI condamnait les cent une propositions tirées des *Réflexions morales sur le Nouveau Testament* de l'oratorien Pasquier Quesnel, le second père du Jansénisme. Le cardinal de Bérulle avait bien déclaré que sa congrégation « n'épousait aucune opinion de corps et de communauté »; mais, dans la pratique, il n'en était pas de même et beaucoup de confrères de Surian s'étaient déclarés hautement appelants de cette bulle qui avait d'abord étourdi comme d'un coup de massue tout le parti hérétique.

Ce fut en vain que le Père Surian s'imposa, dit l'abbé Rosne, non seulement comme une règle de prudence, mais aussi et surtout comme un devoir de conscience, de ne jamais entrer dans certaines idées particulières, manifestement opposées à la doctrine de l'Eglise. Il semble, après cela, que le Père Surian eût dû n'être inquiété par personne dans son attitude parfaitement régulière. Il n'en fut pas ainsi. L'Oratoire, nous apprend l'avocat Guérin, dans son panégyrique de l'évêque de Vence, comptait alors dans ses rangs un petit nombre d'esprits ardents et fougueux qui ne concevaient pas qu'on pût être modéré et tolérant en fait d'opinion. C'étaient ces hommes, reprend l'abbé Rosne, qui avaient rendu la congrégation si chère aux Jansénistes, en travaillant, malgré la résistance qu'ils rencontraient, à la faire verser dans l'erreur... Surian était traité par eux en ennemi. Il fallait qu'il souffrît véritablement pour confier à son cahier intime ces plaintes : « Les Jansénistes deviennent bien plus insupportables que ceux qu'ils ne veulent pas supporter. *Murmuratores, querulosi*, dit saint Jude, *os eorum loquitur superba*[1]. » Le doux Surian va même plus loin quand il s'écrie : « Je remercie le Seigneur et je me glorifie d'avoir cet hérétique pour ennemi, pour adversaire celui de la foi. Depuis qu'il m'attaque, il me semble que je suis au nombre des gens de bien. »

Ce qui déplaisait surtout, dans la conduite de Surian, aux Oratoriens appelants, c'était l'obstination silencieuse, mais invincible, qu'il mettait à cultiver habituellement les liaisons qu'il avait formées avec plusieurs Jésuites qui déploraient ainsi que lui l'acharnement des deux partis. Il était d'ailleurs dans les sentiments de modération des supé-

[1] Jud., V, 16.

rieurs et des membres les plus distingués de sa congrégation, qui voyaient de haut et de loin, comme Surian, et cherchaient à rétablir l'union en arrêtant les plus avancés sur la dente dangereuse du schisme et de l'hérésie.

Reprenons, après ces réflexions pénibles mais nécessaires, le cours des prédications du zélé Oratorien. De 1713 à 1720, le Père Surian prêcha régulièrement l'Avent et le Carême dans les principales églises de la capitale, sans compter beaucoup de sermons de circonstance ou de charité qu'il ne refusait jamais pour venir en aide au prochain ou répondre à quelque invitation venue de haut. C'est ainsi qu'en 1715, après la mort de Louis XIV, il prononça l'oraison funèbre du grand roi devant l'Académie des sciences et celle des inscriptions et belles-lettres[1], et en 1717 il parut pour la première fois devant la cour et le jeune roi Louis XV pour les prédications de l'Avent. Deux ans après, il remonte dans la chaire de Versailles pour le petit Carême proportionné à l'âge du jeune souverain. « Ce carême[2], écrit l'Oratorien Adry, réunit tous les suffrages et plaça désormais notre orateur au premier rang des prédicateurs de sa congrégation[3]. »

Mais les Jansénistes, on le comprend sans peine, n'étaient pas de cet avis, comme le témoigne cette appréciation hargneuse de l'un deux : « Si le Père Surian est le premier prédicateur de Paris du côté des talents, il est

[1] Cette oraison funèbre, très louée de son temps, a péri.

[2] Adry, *Bibl. des écrivains de l'Oratoire*, Ce petit Carême, composé de huit sermons seulement, a été publié en 1778 chez Nyon, par un parent de Surian.

[3] Les Jésuites étaient alors interdits pour la prédication par le cardinal de Noailles, et laissaient le champ libre, à Paris, aux Oratoriens.

des derniers du côté du zèle, ce qui vient d'avoir peu étudié les matières contestées et plus encore de l'envie qu'il a de faire fortune, dont il convient en partie. Pour cela il fait assidument sa cour aux cardinaux de Rohan, de Bissy et Dubois, au maréchal de Villeroy, au précepteur de sa majesté (Fleury) et à Mme de Ventadour. D'ailleurs, ce Père est très poli et très aimable et peut-être, s'il obtenait quelque chose, il se déclarerait ouvertement pour l'ancienne doctrine. »

Cette ambition prétendue, que lui prêtait le sectaire, n'était, comme le remarque fort justement l'avocat Guérin, que le désir d'échapper à la position fausse qu'il avait parmi ses confrères appelants de la bulle *Unigenitus*. « Bien que les désagréments dont souffrit le Père Surian lui vinssent seulement de quelques particuliers, ces dégoûts lui firent désirer de pouvoir jouir de l'indépendance et lui inspirèrent une ambition qu'il n'aurait peut-être jamais eue si ses confrères lui eussent rendu la justice qu'il méritait[1]. » Où cite-t-on, s'écrie à ce propos M. Rosne, une démarche équivoque de notre prédicateur ? Nulle part. La simple vérité est que s'il eut des amis dévoués, attentifs à le faire apprécier à sa valeur; on peut affirmer qu'il n'en avait nul besoin et que pour lui comme pour Massillon, comme pour tant d'autres Oratoriens avant lui, le temps était venu de sortir de la retraite et de prendre rang parmi les juges de la foi, les princes de l'Eglise. Ajoutons que la grande famille de Broglie, à laquelle il tenait par sa mère, ne dut pas négliger les démar-

[1] *Oraison funèbre.*

ches pour faire réussir cette nomination épiscopale, déjà réclamée par le vœu public.

Pour lui il restait dans le silence et la réserve, comme il convenait à sa position et comme il l'écrivait à cette époque : « Je n'imprime point, je ne parle pas en public, j'essaie de donner l'exemple de la paix et je révère la bulle par mon silence. » Il ajoutait avec une indulgence pleine de bonhomie : « Il y a d'honnêtes gens parmi les Jansénistes ; leur cœur vaut mieux que leur esprit orgueilleux d'où est sorti l'appel. Entêtés, écoutez saint Augustin qui vous dit : *In cathedra unitatis posuit Deus doctrinam veritatis.*

Mais les sectaires, loin d'apprécier la réserve du sage et doux Oratorien, faisaient courir sournoisement sur son compte des bruits toujours plus défavorables [1], et le cardinal de Noailles, qui les protégeait ostensiblement, ne pouvait cacher la répulsion que lui inspiraient le talent et le caractère de ce prédicateur, si estimé de ses contemporains. Toutefois le Père Surian méprisait cette petite guerre et ne pensait qu'à reprendre son saint ministère. De 1723 à 1727, on le vit monter encore dans les principales chaires de la capitale : Saint-Roch, Notre-Dame, Saint-Honoré ; puis à Versailles devant Louis XV, à Nancy devant la cour de Lorraine ; aussi était-il un des Oratoriens les plus en vue, ce qui le fit nommer député ordinaire du roi à la trente-deuxième assemblée de sa congrégation ; mais il refusa, pour ne pas augmenter les

[1] « On a eu soin, disent avec malice les *Nouvelles ecclésiastiques*, de ne point nommer, dans le Consistoire, le Père Surian comme Oratorien, mais simplement prêtre du diocèse d'Arles. »

embarras de sa position. Le Carême qu'il donna à Versailles en 1727 fut très remarquable et très remarqué. Sa parole eut plus de retentissement encore qu'on ne s'y attendait. Il fut décidé à la cour qu'on choisirait une prochaine occasion de lui donner un évêché. Ce fut, en effet, à la fin de janvier 1728 qu'il fut nommé à l'évêché de Vence rendu vacant par la démission de Mgr Flodoard de Bourchenu.

Pendant l'intervalle qui sépara sa nomination de sa consécration, le Père Surian, écrit son biographe, fit ses adieux à Paris en donnant, à Saint-Roch, la station du Carême de 1728. Il eut aussi l'occasion de les faire à la cour dans un sermon dont la date précise est inconnue, mais dont la péroraison se trouve parmi les manuscrits du prélat. La voici : « Dieu puissant qui daignez mettre en de si indignes mains le glaive sacré de votre parole, répandez vos plus saintes bénédictions sur cette cour qui m'écoute. Par elle, j'ai commencé ma carrière évangélique ; par elle je la finis et mon cœur a aimé à lui consacrer les premiers essais, comme il se réjouit de lui consacrer les derniers efforts de mon ministère. Ah ! Seigneur, si par ma bouche l'onction de votre parole sainte a fait quelque fruit, si elle a touché quelques âmes, redoublez ici ces grâces sur les auditeurs dont le salut, vous le savez, m'est encore plus précieux et plus cher. Qu'ils oublient devant vous leurs lumières, leurs dignités, leurs titres, pour ne penser qu'à leurs fautes, pour n'implorer que votre miséricorde ! »

VI

Avant de suivre le nouveau prélat dans son lointain évêché, cherchons avec l'abbé Rosne à caractériser son éloquence et à faire connaître sa manière de composer ses sermons. Surian, on peut le dire, travaillait son éloquence et ne négligeait aucun labeur pour mûrir son plan, pour amener sagement ses divisions et pour devenir, en un mot, maître de son sujet. Nous avons eu pendant longtemps entre les mains, nous avons feuilleté à loisir les innombrables cahiers, les feuilles volantes où il déposait, au hasard du moment, le germe d'une idée, une pieuse inspiration, sous une forme souvent négligée, mais presque toujours pleine d'onction et de mouvement. Quand on se livre à une préparation aussi constante, car l'Oratorien conserva, jusqu'à son élévation à l'épiscopat, l'habitude de ce labeur assidu, on est armé contre toutes les surprises. D'une intelligence et d'un cœur qui débordent, les idées et les sentiments coulent à flots sur des lèvres naturellement éloquentes. De ces matériaux immenses il n'y a rien à retirer pour la gloire de l'homme, mais ils rendent un témoignage éclatant à la conscience de l'apôtre et aux efforts qu'il multipliait pour se tenir à la hauteur de sa tâche sacrée [1].

L'illustre auteur ne craignait même pas d'adapter à ses sermons d'assez longs passages des œuvres oratoires de ses contemporains. C'est lui-même qui nous l'apprend :

[1] *Ibidem.*

« Je présenterai ce soir-là mon sermon : *Bonum est nos hic esse ;* mais j'y glisserai le plus adroitement possible l'Evangile, en sorte qu'il paraîtra un homélie. Par exemple, à l'endroit du *Bonum est*, j'ajouterai : *Faciamus hic tria tabernacula.* A propos des cœurs infidèles, je me servirai de quelques morceaux de Davaze [1] sur l'Ascension, j'emploirai aussi quelques phrases du Père Massillon et de Bourdaloue [2]. »

Surian n'imprima aucun de ses sermons et c'est lui-même qui nous l'apprend : « J'aime mieux vivre pour mon troupeau et pour moi-même que pour la postérité. Vous ne me verrez jamais imprimé. J'aime mieux, ajoutait-il avec une aimable philosophie, jouir du repos que d'avoir un nom acheté par mille peines. La gloire ne vaut pas une douce vie ; la plus haute fortune ne fait souvent que des esclaves et des martyrs [3]. » Comme cependant on lui demandait de côté et d'autre communication de ses manuscrits ou au moins de ses notes, il finit par dire qu'il les avait brûlés ; mais c'était une ruse de guerre. En 1738, il est vrai, l'abbé de la Chambre fit imprimer à Liège, d'une manière un peu subreptice, deux volumes de sermons sous ce titre : *Sermons choisis pour les jours du Carême.* Mais l'évêque de Vence refusa de reconnaître cette publication qui dut certainement lui déplaire.

Cependant ses manuscrits lui ont survécu [4] et un de

[1] Ce prédicateur était un de ses confrères de l'Oratoire. Il parle ailleurs d'autres emprunts faits au Père Codolet.

[2] *Cahiers intimes.*

[3] *Cahiers intimes.*

[4] Chez Nyon l'aîné, à Paris, 1778.

ses parents, nous l'avons dit, publia en 1778 les huit sermons du petit Carême de 1719 avec celui sur le *Petit nombre des élus*. En 1855, l'éditeur Migne ayant acheté, à la vente de la bibliothèque de l'abbé Guillon, deux volumes manuscrits contenant quarante-deux discours sous le nom de Surian, y trouva trente sermons inédits et les publia. Les manuscrits conservés aujourd'hui encore à la cure de Vence renferment dix-sept discours inédits, outre ceux qui ont dû être complets, mais dont il ne reste que des fragments plus ou moins considérables [1].

L'Oratorien Adry qui n'a connu que le petit Carême, en parle ainsi dans sa *Bibliothèque :* « De tous les prédicateurs qui ont prêché devant Sa Majesté, pendant la Régence, le Père Surian et Mgr de Clermont, son ami, sont les seuls qui aient brillé. Aussi avaient-ils des sermons exprès qui étaient et très courts et très convenables à l'âge et à la qualité du Roi [2]. » En lisant ces sermons, on est aujourd'hui étonné de la grande réputation d'éloquence qu'ils ont laissée. C'est qu'ils sont loin de la perfection littéraire de ceux de Massillon et qu'ils valaient surtout par l'onction du prédicateur, qui habituellement se laissait aller aux mouvements de son âme, sans s'astreindre à ce qu'il avait mis sur le papier.

Maintenant résumons, avec notre guide ordinaire, les travaux du Père Surian depuis son arrivée à l'Oratoire de

[1] L'abbé Rosne, p. 58.

[2] T. V. *loco citato*. L'Oratorien Bouche dit aussi que ce petit Carême n'est pas digne de la réputation de son auteur et Guérin ajoute : « Cet ouvrage est imparfait et on ne peut le regarder que comme les dépouilles d'un homme trop peu connu. »

Paris jusqu'à sa promotion à l'épiscopat. Depuis le Carême de 1708 jusqu'à 1728, nous savons qu'il a prêché, en dehors des circonstances particulières, trente-quatre stations, dont quatre devant la Cour, trois à Notre-Dame, trois à Saint-Roch, deux à Saint-Germain-l'Auxerrois, cinq aux Quinze-Vingts ; une dans chacune des autres églises de Paris ; deux à Nancy et à Soissons, où il avait déjà été envoyé pendant qu'il appartenait à la résidence de Caen. Mais ce chiffre de trente-quatre stations est certainement inférieur à la réalité, les documents nous faisant défaut pour un certain nombre d'années, nous ne pouvons donner un chiffre plus exact ; il lui était réservé de faire sous d'autre cieux une nouvelle moisson.

VII

C'est, en effet, vers la Provence que nous devons maintenant diriger nos pas pour suivre Surian dans sa carrière épiscopale de vingt-sept années. Il avait été nommé au siège de Vence par brevet royal du 3 août 1727 et sa nomination, que le public avait trouvée bien tardive, reçut l'applaudissement général, sauf, bien entendu, le parti janséniste. Préconisé dans le consistoire du 8 mars, il fut sacré à Paris, dans l'église de l'Institution de l'Oratoire, le 3 juin 1728, par Mgr Honoré Grimaldi, de Monaco, archevêque de Besançon, assisté de Mgr des Marets, évêque de Saint-Malo, et de Mgr François de Montelus, évêque de Saint-Brieuc.

Parmi les lettres de félicitation que reçut le nouveau prélat, nous noterons en particulier celle de Soanen, l'évêque hérétique de Senez. Il commence par une insinuation qui, sous sa forme pieuse, cache mal l'orgueil secret du sectaire : « Comment pourrai-je, Monseigneur, vous féliciter de votre nomination à l'épiscopat, puisque j'éprouve depuis trente-deux ans que ses honneurs sont bien chimériques et que ses devoirs infinis sont bien réels et bien pesants ? » Il continue par des compliments mêlés d'avis pour le moins indiscrets : « Je congratule avec plus de plaisir et de fondements votre diocèse d'avoir obtenu de la main de Dieu, par celle du roi, un évêque nourri et rempli depuis son enfance des plus pures maximes de la foi dont vous et moi avons sucé le lait dans le sein de la même congrégation [1]. » Puis Soanen, qui ne craignait pas de trahir la vérité, quand il le trouvait utile pour les intérêts de sa cause, calomnia outrageusement le célèbre Antoine Godeau, l'un des prédécesseurs de Surian, pour le lui proposer comme modèle d'attachement à la doctrine perverse de Jansénius. « Quelle joie n'aura pas votre troupeau de voir revivre en votre personne son célèbre *Godeau*, par l'imitation de son amour pour l'ancienne doctrine de l'Eglise et pour la saine morale de l'Evangile ! Ce sont deux précieux dépôts dont Dieu vous chargera dans le jour de votre consécration, en vous y donnant le patrimoine et plus encore le double esprit de cet Elie du dernier siècle. Il vous en coûtera, Monseigneur, de prêcher et de défendre cette doctrine et cette morale (des Jansénis-

[1] L'évêque de Senez avait été Oratorien avant son épiscopat.

tes), comme il en coûta à Mgr Godeau beaucoup de traverses ; parce que Dieu n'a promis aux apôtres et aux évêques, leurs successeurs, des consolations dans leur ministère qu'avec un mélange de persécutions. » Enfin, l'évêque hérétique de Senez termine sa lettre en faisant, comme toujours, un retour sur lui-même, ce qui lui permettait de se comparer modestement à saint Athanase : « Mais les plus rudes croix ont leurs onctions et leurs douceurs, quand il lui plaît. Je vous les souhaite, Monseigneur, ces douceurs et ces consolations intérieures que Dieu me donne, par sa miséricorde, dans mon exil ; mais je ne vous souhaite pas mes liens, ne voulant les céder à personne, tant ils me sont doux, n'ayant nulle inquiétude que pour mon troupeau ; et quand même il devrait se faire une effusion de mon sang, sur le sacrifice de la foi de mes ouailles et sur les chaînes qui m'attachent ici, je m'en réjouirai en bénissant Dieu de m'avoir rendu digne de souffrir quelques opprobres pour sa vraie grâce. Je lui en demande pour vous et pour moi toute la plénitude et toute la force, afin que nous puissions tout en celui qui nous fortifie et qu'il lui plaise de graver de plus en plus dans nos cœurs cette grande maxime de saint Grégoire de Nazianze : qu'un évêque ne doit craindre qu'une seule chose, qui est de craindre quelque chose plus que Dieu. Recevez ...... [1]. »

Ces perfides avances du malheureux pontife qui avait l'audace de s'appeler le martyr du Christ [2] furent imitées

[1] *Recueil des lettres de M. de Senez*, t. 1, lettre 203.

[2] Dans le frontispice de la *Vie de Soanen* on peut voir ce pontife, les mains liées par une double chaîne et assis sur un roc, avec ces fières paroles inscrites sur une banderole : *Ligari, non vinci*.

par plusieurs chefs de parti qui espéraient ainsi rattacher l'ancien Oratorien à leur cause. En effet, le jugeant d'après leurs propres sentiments, ils pensaient que Surian, voyant son ambition satisfaite, se rapprocherait de ses anciens confrères et les protégerait au besoin contre le roi et le Saint-Siège. Ils osèrent, en venant lui rendre leurs hommages, lui faire comprendre leur secret désir. Le prélat se contenta de leur répondre froidement : « Mon nouvel état m'impose de nouveaux devoirs. Appelé par la Providence à l'épiscopat, je la remercie de m'avoir placé dans un des plus petits diocèses du royaume, où je pourrai goûter la paix et la tranquillité que j'ai toujours ambitionnées. »

Surian ne pouvait oublier qu'il avait passé quarante-deux années à l'Oratoire ; mais ses regrets sincères étaient bien diminués par l'hostilité à peine déguisée dont il avait tant souffert durant les dernières années de son ministère évangélique [1].

Cependant il fallait que par un acte sérieux l'évêque de Vence montrât qu'il était déterminé à ne jamais chercher de faux fuyants pour dissimuler sa foi si entièrement catholique. Il le fit sans forfanterie comme sans passion, en adhérant simplement, par son mandement de novembre 1728, aux décisions du Concile d'Embrun qui avait déposé l'opiniâtre Soanen. C'était la meilleure réponse à sa lettre doucereuse et perfide.

[1] A ce propos, le Père Bicaïs, de l'Oratoire, rapporte une parole naïve d'un Oratorien provençal au nouvel évêque de Vence dont il était le compatriote et le condisciple. C'était le Père Leydet, véritable homme de Dieu, pas janséniste et dont l'humilité fuyait tous les honneurs : « Mon ami Jean-Baptiste, dit-il à Mgr Surian, en montrant la croix pectorale : cette croix te damnera. » Surian sourit à cette naïveté qui ne pouvait être qu'une fausse prophétie.

Mais, en condamnant les sentiments hérétiques de son ancien confrère, notre prélat était loin d'avoir contre lui la moindre aigreur. Il le montra bien en désapprouvant la mesure, par trop sévère, qui reléguait le malheureux vieillard, alors octogénaire, à l'abbaye de la Chaise-Dieu, dans une des régions les plus froides de l'Auvergne. Il lui semblait, et non sans raison, que cette rigueur, bien inutile, attirerait à cet évêque, qui posait volontiers en martyr, la pitié de tous ses adhérents, avec la compassion des âmes sensibles.

Néanmoins, malgré son impartialité dans ces circonstances, l'évêque de Vence fut, depuis son adhésion motivée au concile d'Embrun, toujours malmené et même invectivé par les *Nouvelles ecclésiastiques*, le Moniteur du parti janséniste [1]. Il partageait en cela le sort de Massillon que sa douceur et sa modération n'avaient pu soustraire aux paroles acerbes et aux propos inconvenants des sectaires dont il ne voulut jamais favoriser les pernicieux desseins.

Mais, en cette occasion, Surian trouva un défenseur inattendu : ce fut d'Alembert qui lui succéda à l'Académie française. Voici cette curieuse défense dans laquelle le plus célèbre des disciples de Voltaire plaide les circonstances atténuantes en faveur de notre prélat et va jusqu'à lui décerner le titre de philosophe, pour sa pitié à l'égard de Soanen exilé. « L'évêque de Vence, nous dit-il, était suffragant d'Embrun ; il ne pouvait guère se dispenser d'assister à l'Assemblée où il était appelé par son métro-

[1] D'Alembert, on le voit, faisait une confusion des évènements, pourtant contemporains, à l'occasion du concile d'Embrun.

politain [1]. Il ne pensait pas, d'ailleurs, sur le Jansénisme, tout Oratorien qu'il avait été, comme son ancien confrère Soanen. Persuadé que l'Eglise avait accepté la bulle à laquelle ce prélat était si hautement contraire, il crut pouvoir se joindre, sans blesser sa conscience, aux autres évêques qui prononcèrent cette condamnation. » Mais, ajoute l'abbé Rosne, d'Alembert se sent plus à l'aise pour louer Surian d'avoir désapprouvé l'exil : « Ce que la philosophie réprouve ou plutôt ce qu'elle a en horreur, c'est, dit l'académicien, la persécution atroce et absurde qui arrache un citoyen à la société, l'emprisonne, le proscrit, le prive même quelquefois, de la vie parce qu'il honore à sa manière cet Etre suprême si juste et si bon, qui voit avec tant de pitié, mais aussi avec tant de clémence, les opinions, les disputes et les superstitions humaines [2]. »

Personne, remarque le dernier biographe de l'évêque de Vence, n'était en réalité moins philosophe que Surian, si ce qu'on entend par philosophie dans la vie n'est, comme il arrive souvent, qu'une indulgence universelle servant de masque à une universelle indifférence. Il n'était pas davantage l'un de ces prêtres philosophes comme d'Alembert les eût aimés, dont la vertu n'eût été qu'une raison épurée, éliminant lentement, mais sûrement, la foi de son ancien domaine. Surian était simplement un homme de Dieu.... Les motifs de la conduite si modérée de Surian

[1] « A peine nommé à Vence, M. Surian, disent-elles, s'empressa d'aller, avec une publicité affectée, signer le formulaire à l'archevêché.. Peu après, malgré les douleurs de la goutte, il se fit porter au Louvre, où il signa l'avis doctrinal contre la célèbre consultation des cinquante avocats qui avaient pris la défense de l'évêque de Senez. »

[2] *Histoire des membres de l'Académie française*, par d'Alembert, t. IV.

étaient tout autres que l'indifférence philosophique ou un fond d'égoïsme. Il avait éprouvé la stérilité de discussions déjà séculaires; il avait horreur des haines qu'elles engendraient entre frères et il concevait autrement l'emploi du zèle sacerdotal. Aussi se réfugia-t-il avec amour dans le sein de la paix, mais non pour s'y amollir [1].

Le spirituel Gresset qui répondit au discours de d'Alembert le dit en fort bons termes : « Ce ne fut point l'un de ces talents qui se taisent dès qu'ils sont récompensés, l'une de ces bouches que la fortune rend muettes et qui, se fermant dès que le rang est obtenu, prouvent trop qu'on ne prêche pas toujours pour des conversions [2]. » Aussi, avec quelle hâte, dit l'abbé Rosne, Surian alla-t-il à ses ouailles qu'il n'avait pas encore évangélisées. Dès lors il ne vécut plus que pour elles. Il n'eut pas un regret, pas un souvenir pour ces grandes chaires d'où il parlait à l'élite de la France, où ses succès avaient été si beaux, que la nostalgie des applaudissements semblait devoir être pour lui, au fond d'une province reculée, un mal inévitable ; il échappa absolument à ces terribles retours de l'amour-propre humain.

VIII

Mais il est temps de suivre Mgr de Surian dans son petit évêché ; et d'abord disons ce qu'était ce diocèse de Vence, l'un des moins étendus de la France pontificale. La ville

[1] *Pensées et discours de Surian*, p. 83.
[2] Réponse à d'Alembert.

de Vence (*Vincium ou Vincia*)[1] est à quatre lieues nord-est d'Antibes et de la mer. C'était la capitale des Nérusiens et, depuis les derniers temps de l'empire romain, elle portait le titre de comté. Son climat est sain et le panorama qui se déroule à ses pieds est un des plus gracieux de la Provence. Le territoire de Vence, très fécond en fruits, en vin et en olives, est séparé de celui de Grasse par la rivière du Loup, de Glandèves par le Storor, de Nice par le Var et de Fréjus par Caillan.

La cathédrale de Vence, dédiée à la Très Sainte Vierge était aussi sous le patronage de ses deux plus grands évêques, saint Veran et saint Lambert. Le chapitre se composait d'un prévôt, d'un archidiacre, d'un sacristain, d'un trésorier et d'un capiscol ou écolâtre. Après ces cinq dignités, venaient cinq chanoines dont l'un avait les fonctions de théologal. Le bas chœur comptait deux curés, un diacre et un sous-diacre. Les doctrinaires dirigeaient le séminaire. A Vence se trouvait en outre la collégiale de Saint-Paul, composée d'un doyen et de six chanoines. Le nombre des paroisses dans tout le diocèse s'élevait à peine à vingt et une et les revenus de l'évêché montaient tout au plus à huit mille livres[2]. Quant au domaine de la cité, il appartenait par moitié à l'évêque, comte de Vence, et à une branche de l'illustre famille des Villeneuve. Ce petit diocèse fut plus d'une fois sur le point d'être réuni à celui de Senez ou à celui de Grasse[3].

[1] Le *Gallia* dit aussi : *Civitas* Vensiensis, Vinciensium, Vecisiensium. Elle contenait l'approvisionnement des armées domaines, aussi l'appelait-on aussi *Vintium horreum*.

[2] La taxe en cour de Rome était pourtant de deux cents florins.

[3] A Grasse, en 1562, 1591 et 1640 ; à Senez, en 1432.

Parmi les évêques de Vence, nous remarquerons saint Eusèbe, qui gouvernait cette cité en 374 ; saint Justinus vers l'an 410 ; saint Véran, fils de saint Eucher. Il réprimanda, de la part du pape saint Hilaire, l'évêque de Vienne saint Mamert, qui avait ordonné un pontife à Die sans consulter la population. Saint Véran assista, en 475, au concile d'Arles contre les Prédestinatiens. Le plus illustre évêque après lui est saint Lambert, qui était né à Riez et qui fut moine à Lérins. Il gouverna l'église de Vence durant quarante années, de 1114 à 1154. Parmi ses pratiques de pénitence, on a remarqué qu'il ne mangeait jamais avant d'avoir récité tout le Psautier ; même avant sa mort, il brilla de l'éclat des miracles.

Après ces saints pontifes, nous nommerons Alexandre Farnèse, qui fut évêque commendataire de Vence et devint le pape Paul III en 1534 ; Pierre du Vair, frère du grand chancelier de ce nom. Il fut très fidèle à son siège, disant, quand on lui proposait de plus grands et de plus riches évêchés : « Ma première épouse me suffit » ; enfin, le célèbre Antoine Godeau, l'un des fondateurs de l'Académie française. Nous ne parlerons pas du rôle brillant qu'il joua à l'hôtel de Rambouillet, où, tout jeune encore, il donna une belle paraphrase du cantique *Benedictus*. Nommé par Richelieu à l'évêché de Grasse (1636), et, peu après, à celui de Vence (1638), il aurait pu profiter des bulles d'union de ces deux petits diocèses que le pape Innocent X lui avait accordées ; mais il ne voulut point soutenir de procès pour l'obtenir et se consacra uniquement à la plus petite de ces deux églises. Orateur, poète, historien, Godeau se montra en tout un digne prélat, uniquement occupé du salut de ses ouailles. Il établit un séminaire à Vence, fit refleurir la discipline et occupa ses loisirs à la publication d'ouvrages pieux et savants. En l'absence du cardinal Grimaldi, archevêque d'Aix, notre prélat gouverna sagement cette église. Il mourut très pieusement en l'année 1672 et très opposé au Jansénisme.

IX

Nous n'avons plus, avant d'introduire Mgr de Surian à Vence, qu'à décrire, en quelques traits, cette petite cité provençale d'à peine trois mille âmes, ainsi que la cathédrale, qui en est le plus bel ornement. Le chemin pour arriver à Vence est bordé, dit Millin [1] de petites collines agréablement couvertes de bois. Dans les environs, le territoire produit des orangers en pleine terre, des champs de violettes, de roses, de jasmin pour la parfumerie, et même, dans les endroits abrités, la canne à sucre [2] ; quant à la petite ville, qui est située sur un banc coquillier, elle est noire et mal bâtie, comme toutes les anciennes cités [3]. Voici la description de l'antiquaire, déjà cité, et qui se trouve, en partie du moins, encore vraie de nos jours. La grande rue, ombragée par quelques grands ormeaux, est arrosée par un ruisseau d'une eau claire et limpide : ce qui la rend assez fraîche et assez agréable. C'est là que les habitants se rassemblent pendant une grande partie

[1] *Voyage dans le Midi de la France*, t. II et III.

[2] Les figues, l'huile, le vin, les oranges sont les productions du pays.

[3] Les remparts, dit Tisserand, qui ont la forme d'une ellipse allongée, avec créneaux et chemin de ronde, datent des Sarrazins.

du jour. Auprès est la place, au milieu de laquelle se trouve une fontaine d'une forme assez pittoresque. Le grand nombre de ces fontaines, ajoute Millin, répand une sorte de vie dans toutes les villes de la haute Provence ; elles sont ordinairement formées d'un grand bassin à hauteur d'appui, au milieu duquel s'élève une pyramide contournée d'une manière un peu gothique, d'où jaillissent quatre ou cinq filets d'eau qui tombent ensuite dans le bassin, et forment un ruisselet qui lave les rues, les rendent plus saines, plus propres et répandent dans l'air une douce fraîcheur. Cette fontaine est le rendez-vous de toutes les femmes, comme le lieu ombragé celui des hommes. On y va à tout moment puiser pour les besoins journaliers une eau claire et toujours fraîche qu'on boit avec délice sous ce ciel brûlant. Le bruit étourdissant des battoirs s'y fait continuellement entendre ; pendant que l'une lave son linge, l'autre nettoie ses herbes potagères ; le muletier qui traverse la ville y fait désaltérer ses patients animaux. C'est là que se débitent toutes les nouvelles, qu'on apprend les mariages, les décès, les querelles de ménage, les raccommodements, etc., etc.[1].

Vence, dit à son tour Edmond Blanc, fut une ville importante depuis les Antonins jusqu'à la fin de l'empire romain ; elle ne peut montrer aucune trace de son ancienne splendeur. On chercherait même en vain l'emplacement de son théâtre, de ses thermes, de ses aqueducs, et nous ignorerions l'existence de tous ces monuments, si

[1] Voir l'inscription provençale d'une de ces fontaines : « La présento bassino es estado facho per Mestro Jannon Faucon, 1578, et lou tres aoust. Eron consos Antoni Isnart, Lambert Mars et Loïs Jolian, trésaurier. »

de nombreuses inscriptions [1], qui fort heureusement sont parvenues jusqu'à nous, ne nous en avaient conservé le souvenir. Aucun mur n'est resté debout, et tout ce qu'on peut voir aujourd'hui de plus vénérable ne remonte pas au delà des VIe et VIIe siècles. De même que Cimiez, Vence fut détruite par les Lombards ; mais, plus heureux que les défenseurs de la métropole des Alpes-Maritimes, les Venciens échappèrent à la fureur des Barbares en se réfugiant dans une ancienne forteresse perchée comme un nid d'aigle au sommet du pic qui domine la ville. Ils purent de là assister à la ruine de leur pays et de la coquette cité de Vence, qui fut la résidence préférée d'une impératrice romaine. Sa reconstruction se fit assez rapidement, et les remparts de huit mètres d'élévation, percés seulement de deux portes pour livrer passage à la voie Julia Augusta, la mirent dès lors à l'abri des attaques des Barbares [2].

C'est maintenant la cathédrale où Surian fit si souvent entendre sa voix éloquente, que nous allons essayer de décrire. On sait que cette basilique fut construite sur les débris d'un temple dédié à Mars et à Cybèle, car ces divinités payennes étaient fort honorées à Vence [3]. La fondation de cette église remonterait, pense-t-on, à la du fin IVe siècle. Elle fut reconstruite entièrement après les ravages des Lombards. Tandis que le temple de Mars et de Cybèle affectait sans doute la forme d'un rectangle, la

[1] Millin en cite 17, toutes payennes et encastrées soit dans les murs de l'évêché, soit dans ceux de la cathédrale.

[2] Voir la brochure intitulée : *Vence et la voie Julia Augusta*, par M. Blanc, auquel nous devons aussi une curieuse notice sur la *Cathédrale de Vence*.

[3] Deux inscriptions romaines en témoignent.

nouvelle église se dessina, pense M. Edmond Blanc, en croix latine, avec un clocher construit à part. Ses murs construits en petit appareil cubique rappelaient la construction en usage à l'époque romaine. Une simple charpente couvrait l'édifice, décoré à l'intérieur de l'abside de plaques de calcaire portant des entrelacs et des motifs d'ornementation empruntés au règne végétal et animal.

Au Xe siècle, la population de Vence qui, grâce à sa position fortifiée, offrait plus de sécurité aux habitants du pays, monta jusqu'à sept mille âmes. C'est, nous dit E. Blanc, ce qui explique pourquoi l'église, l'évêché, les greniers, le château seigneurial, et les remparts eux-mêmes furent envahis, enserrés, bloqués par les constructions particulières. Il fallait se loger, et l'espace manquait. Comme la Giralda, à Séville, la tour campanile servit d'habitations à quelques familles ; on établit à son sommet un corps de garde qui devait, tout le jour, surveiller les environs [1]. Cette augmentation de la population nécessita l'agrandissement de l'église. Les deux bras du transept, continués de chaque côté de la nef devinrent des bas-côtés ; le chœur se développa à droite et à gauche, et l'édifice sacré prit la forme d'un rectangle, terminé par un carré formant abside.

Ce premier remaniement ne suffisant pas, vers la fin du XIIe siècle, probablement sous l'épiscopat de Pierre Grimaldi, la cathédrale subit de nouveaux changements et prit sa forme actuelle. C'est à cette époque que se mon-

[1] Voici en langue provençale l'ordre du jour de Guichard de Villeneuve, le 8 mai 1392 : « Item que chascun jorn estengon très homes en gardia per descubrir. » — Voir les archives de Vence, art. XII.

tent les parties suivantes : le fond de l'absidiale de la chapelle des Saints-Anges, les baies doubles, aujourd'hui condamnées, du clocher et des bas-côtés et la corniche qui soutenait la toiture. Les piliers, surtout ceux de la grande nef, sont plus anciens. Leur carré est cantonné de quatre colonnes engagées. Les chapiteaux, massifs et sans aucune élégance, se composent d'un tailloir carré, porté sur une corbeille de même forme, mais terminée en octogone intérieurement. C'est à la suite cette réparation que la Cathédrale de Vence fut voûtée en plein cintre dans toutes ses parties. Elle offrit dès lors un type remarquable de roman primitif [1].

Au XVe siècle, cette cathédrale se trouvant de nouveau trop étroite, l'évêque, qui était alors un Glandevez, fit, pour augmenter l'espace, construire les tribunes actuelles. Ce fut une idée très malheureuse, car les colonnes, empâtées dans de lourds massifs de maçonnerie, supportent à mi-hauteur un étage de tribunes dont les voûtes surbaissées jurent étrangement avec le reste de l'édifice, qui est complètement défiguré [2], surtout depuis la reconstruction avec des arcs surbaissés de la voûte de la grande nef en 1812.

Actuellement, dit l'archéologue que nous avons pris pour guide, la cathédrale de Vence est formée de cinq nefs. Celle du centre a 13 mètres de hauteur sur 5 de largeur et les quatre autres de 8 mètres sur 3. La longueur de trois nefs principales est de 25 mètres ; celle des deux

[1] Voir E. Blanc, *loco citato*.

[2] Il ne faudrait que défaire ce qui a été fait à cette époque, pour rendre à la Cathédrale sa légèreté et sa pureté de style.

autres de 15 mètres seulement ; ce qui donne à l'ensemble du plan l'apparence d'une croix. L'abside est reliée à la grande nef par un arc en plein cintre ; elle n'a que 8 m. de hauteur. Le sanctuaire est remarquable par sa largeur qui dépasse celle de la nef principale. La sacristie, qui, au Moyen âge, était commune à la cathédrale et à la chapelle du château seigneurial, n'a pas été remaniée depuis le XIIIe siècle, et conserve encore les nervures de sa voûte d'arêtes qui reposent sur des consoles. Quant au cimetière, qui est devenu aujourd'hui une place, il entourait jadis la cathédrale, suivant l'usage ancien. Aujourd'hui encore, une colonne en porphyre bleu de l'Estérel supporte au milieu de la place la croix et les deux inscriptions qui marquent la translation en ce lieu des restes des anciens habitants de Vence. Nous donnons en note la seconde [1].

X

Entrons maintenant dans la cathédrale de Vence, qui est singulièrement assombrie par la malencontreuse construction des tribunes, malgré l'ouverture de deux grandes baies au levant et au couchant. Cependant, que cette demi-obscurité ne nous empêche pas de visiter les neuf chapelles de la basilique. La première, placée dans l'abside qui termine la seconde nef méridionale, est dédiée au

[1] « Translatis hinc ex tota hujusce areæ amplitudine majorum cineribus anno MDCCLXXIV, non omnibus tamen pro nimio congestu, hanc a Massilia conditoribus columnam dono, ut paret, Nerusiis nostris tramsmissam, signo salutis consecratam erexit ordo municipii Vintientium, anno MDCLXXX. »

Sacré-Cœur. La suivante, sous le patronage de saint Véran, a pour autel un beau sarcophage romain du IIe siècle. Il est *strigilé* et montre, dans la conque du milieu, les bustes de deux époux, et, dans le bas, de petits génies. L'autel est surmonté d'un rétable du XVIe siècle, avec une toile du peintre provençal Sauvan, qui représente saint Véran bénissant son peuple.

La chapelle de saint Lambert suit immédiatement. Son épitaphe se lit sur un cartouche de son tombeau [1]. Le saint est représenté en costume épiscopal dans le rétable de l'autel. Après vient la chapelle de la Vierge, qui n'a rien de bien remarquable. Dans celle de Saint-Jean-Baptiste on voit les fonts baptismaux qui datent du XVIe siècle, mais d'une exécution assez lourde. Les autres chapelles portent les noms des saints Antoine, Joseph, Notre-Dame de la Garde, les âmes du Purgatoire et les Saints-Anges; cette dernière placée, selon l'usage, sous le clocher.

Disons, en passant, quelques mots des stalles et des *miséricordes* du chœur de Vence. Elles sont assez remarquables, et celui qui les exécuta en 1455, Maître Jacotin Bellot, de Grasse, mit cinq années à les parfaire [2]. Ces stalles en style gothique flamboyant semblent, d'après le costume des statuettes, de l'époque de Charles VII. On en compte plus de cinquante, et elles sont très finement

[1] La voici : « Discat qui nescit quod Episcop hic requiescit nomine Lambertus : multa bonitate refertus, quique quaterdenis huic sedi profuit annis. Non hunc erexit res blanda, nec aspera flexit, parcat peccatis illius fons pietatis et lucescat ei lux perpetua requiei. »

[2] Le chapitre fournit le bois et donna, comme paiement, cinquante florins par an, plus une salmée d'annone, ou environ deux hectolitres de grains et six outres de bon vin. Voir Tisserand, *Histoire de Vence*, et E. Blanc, *La Cathédrale de Vence*, pp. 34, 35.

sculptées, surtout dans les parties basses, destinées à être vues de près. Les sujets des stalles comme des *miséricordes* semblent très variés et puisées dans le règne animal ou végétal, sans compter les représentations de certains personnages grotesques, où l'on voit comme des essais de caricature. Ces belles stalles, dont plusieurs ont été mutilées par de stupides révolutionnaires, sont, croyons-nous, avec les magnifiques portes de la cathédrale d'Aix, ce qu'il existe de plus parfait en Provence pour la sculpture sur bois du XIVe et du XVe siècles.

Sur les dalles et sur les murailles de la vieille cathédrale on voit une dizaine d'inscriptions romaines, plus ou moins frustes, mais qui ne sont pas sans intérêt pour l'histoire locale de Vence et de ses environs. Mentionnons aussi les greniers de la mense capitulaire, adossés à la cathédrale, et qui sont aujourd'hui divisés entre plusieurs propriétaires. Ils ont été plusieurs foit remaniés au Moyen âge. La prévôté, qui touche les greniers, est aussi un bâtiment très ancien, complètement remanié au XVe siècle. C'est à cette époque que l'on peut faire remonter la belle porte qu'on y voit encore de nos jours.

Enfin, disons un mot de l'ancien trésor de l'église de Vence. On y remarquait les têtes de saint Véran et de saint Lambert contenues dans des chefs d'argent et mîtrés [1]. Une statue de la Vierge couronnée et en argent ainsi que son piédestal, deux grandes croix, l'une en vermeil, l'autre en argent ; une crosse d'argent et plusieurs objets nécessaires au culte divin, comme des calices, des

[1] De plus, la crosse de saint Lambert, avec une châsse de cuivre qui contenait ses ossements.

ciboires, des bassins, des burettes, des encensoirs dans le même métal; plusieurs mîtres, dont une d'étoffe d'argent et de soie, ornée de perles et de pierreries, avec une autre ornée de grelots (*sic*) ornés de diamants, *con cascavélès*[1]. Puis, vient l'énumération de plus de trente ornements en velours, en satin et en damas avec des *floquets*, ou glands. Quelques-uns étaient peints et historiés par de fines broderies représentant soit des personnages, soit des armoiries. L'inventaire, qui comprend près de cent objets divers, est daté du 10 juin 1507 et a été trouvé chez le notaire Honoré Culty.

Nous connaissons à présent la ville et la cathédrale de Vence, nous pouvons donc raconter ce que Mgr de Surian y fit durant son épiscopat pour s'attirer l'affection et le dévouement de ses diocésains.

XI

Les prélats du XVIIIe siècle, nous dit l'abbé Sicard dans son remarquable ouvrage sur l'*Ancien clergé de France*[2], n'ignoraient pas le rôle que leurs prédécesseurs avaient joué à travers les âges, dans le gouvernement de l'Etat, dans les négociations les plus importantes et les plus délicates. Leur imagination était comme fascinée par la gloire

[1] En provençal, les grelots sont appelés *cascavèus*. Nous croyons que c'était le nom populaire de petits ornements en métal précieux et ayant la forme de grelots pour enrichir les bords ou les fanons de la mître. Voir Tisserand, *Histoire de Vence*, et E. Blanc, *Note sur deux monuments inédits concernant la cathédrale de Vence*.

[2] Chap. VIII, administration temporelle, pp. 142, 143.

acquise par un Richelieu, un Mazarin, au service de la France. Avec Louis XIV, le pouvoir ne pouvait appartenir qu'au roi; mais, sous la suprême autorité du monarque, quels heureux et hardis diplomates nous rappelent les noms d'un cardinal d'Estrées, d'un cardinal de Forbin-Janson ! Quel rôle important joua le cardinal de Polignac en Pologne et au traité d'Utrech ! Il ne faut donc pas s'étonner que Louis XIV trouvât dans l'épiscopat des prélats capables de mener à bonne fin les affaires les plus épineuses. Le Père de la Chaise, ministre de la feuille, voulait qu'un évêque fût homme du monde et homme d'Etat ; il s'attachait à élever aux places éminentes ceux que nous appellerons évêques politiques. »

Le modeste Surian n'avait point de si hautes visées, loin de là ; mais il voulait se consacrer entièrement à son diocèse et nous verrons bientôt que la Providence lui donna l'occasion de le servir très utilement. Dès l'année 1727 qui le vit arriver à Vence, le nouveau prélat commença la visite des églises, peu nombreuses, il est vrai, de sa juridiction et il apporta dans chacune d'elles cet ordre et ces sages réformes qu'il désirait voir régner parmi ses prêtres et parmi toutes ses ouailles. Pendant cinq années il vécut ainsi retiré à Vence, uniquement occupé du gouvernement de son diocèse. Mais on ne l'oubliait pas à Paris et il y fut rappelé, cinq ans après son sacre, par la mort de Victor-Amédée, duc de Savoie et premier roi de Sardaigne (1732), dont il devait prononcer l'oraison funèbre.

Des liens assez étroits unissaient ce prince à la famille royale de France, car il avait épousé la seconde fille du duc d'Orléans, le frère de Louis XIV. Une oraison funèbre s'imposait dès lors à la cour de Versailles. Mais c'était une tâche ardue et que la conduite du monarque défunt rendait particulièrement difficile. On lui reprochait de nombreuses faiblesses que ne pouvaient effacer les qualités vraiment royales de son règne. De plus il avait manqué gravement à la foi des traités en 1701. Il fallut donc choisir un orateur aussi prudent et avisé qu'éloquent et disert. C'est alors, dit l'abbé Rosne, que l'on se souvint à la cour que Surian était à la fois sincère, insinuant et éloquent. Nul ne sembla plus capable que lui d'éviter tous les écueils et de mériter les suffrages de son auditoire en parlant du prince défunt.

Nous emprunterons au *Mercure de France* (février 1763) le récit de ces funérailles. L'église métropolitaine était ornée et éclairée avec une grande magnificence. L'archevêque de Paris y officia pontificalement. Le duc d'Orléans, le comte de Clermont et le prince de Conti, qui conduisaient le deuil, allèrent à l'offrande avec les cérémonies ordinaires, en long manteaux dont la queue était portée par le bailli de Conflans, le marquis de Clermont, chevalier des ordres, le comte de Billy, le chevalier de Villefort, le marquis de Bourzac et le chevalier de Caussan, tous premiers gentilhommes de la chambre ou premiers écuyers des princes. Après l'offertoire, l'évêque de Vence prononça l'oraison funèbre avec beaucoup d'éloquence. Plusieurs archevêques et évêques se trouvèrent à ce service, ainsi que le parlement, la chambre des comptes, la cour des aides, l'université et le corps de ville, qui avaient été invités de la part du roi par le marquis de Brézé, grand maître des cérémonies. Le pompeux appareil du catafalque a attiré un très grand concours et beaucoup d'admirateurs. Cette décoration avait été ordonnée par le duc de la Trémouille, premier gentilhomme de la chambre du roi, et exécutée sous la direction de M. de Selle, intendant des menus plaisirs, par M. Perrault.

Disons, avec le dernier biographe de Surian, que devant cette assemblée, la plus importante qui se peut imaginer, d'où n'était absent rien de ce que la France comptait de plus considérable, notre prélat s'aquitta très heureusement de sa mission. Nous savons d'abord, par l'organe des contemporains, que son éloquence fut très goûtée et ne suscita aucune critique chez les juges, alors si nombreux, qui ne se désintéressaient pas comme aujourd'hui des œuvres oratoires. Ce jour-là on loua universellement Surian de n'avoir rien dissimulé et d'être parvenu pourtant à satisfaire son auditoire, ainsi qu'à être également approuvé, chose bien difficile, des deux cours de Versailles et de Turin.

XII

Durant le séjour que Mgr de Surian fit dans la capitale, il fut l'objet d'une distinction très flateuse : nous voulons parler de sa réception à l'Académie française. Son élection fut accueillie, on peut le dire, avec un applaudissement universel, tant à cause du mérite littéraire de l'évêque de Vence que de sa rare modestie, car il avait ignoré les nombreuses intrigues qui entourent toujours une nomination d'académicien. Ce fut pour ses amis, et ils étaient nombreux, une très agréable surprise de le voir élu malgré ses longues années d'absence de la cour et de la capitale.

Il devait remplacer Mgr Charles-Henri du Cambout, duc de Coislin et évêque de Metz, décédé en l'année 1732. Durant les deux mois qu'il lui fallut attendre sa réception, Surian eut la joie de renouer ses vieilles et fidèles amitiés qui lui étaient si chères. On a dit que la privation de ces solides attachements était presque l'unique regret qu'il éprouvait dans son lointain diocèse. En voici un témoignare que nul ne pourra récuser. « Je voudrais bien, écrivait-il à l'une de ses connaissances parisiennes, que l'amitié défendît dans votre cœur mon souvenir contre l'absence et le temps, deux ennemis redoutables et difficiles à vaincre à Paris. » Il disait encore à un autre de ses amis : « Si les souhaits pouvaient produire la présence, vous me verriez à Paris : mais je crains d'être aussi loin de votre pensée que de votre personne. J'essaierai de réparer mon absence par mes lettres [1]. »

Ce fut le 12 mars 1733 qu'eut lieu la réception académique de notre prélat. Il sut, dans son discours, sans se montrer trop flatteur pour la docte assemblée, faire voir qu'elle était devenue jusqu'à un certain point la réformatrice de la chaire chrétienne [2]. Citons ses paroles : « Depuis qu'éclairés par vos lumières les orateurs sacrés ont remonté à l'idée du parfait, on ne cherche plus, comme

[1] *Cahiers intimes manuscrits.*

[2] Massillon l'avait dit avant lui dans son discours de réception : mais, dès la seconde partie du XVIIe siècle, cet éloge n'était plus l'expression de la vérité.

on faisait autrefois, à éblouir l'esprit par des pensées brillantes, à lui offrir une multitude inutile d'images agréables et de portraits ingénieux, à l'étonner par des saillies vives, par des figures hardies, à le flatter par un style trop harmonieux et toujours fleuri, à l'accabler d'une érudition flatteuse et superflue. On a préféré aux orateurs qui parlent à l'imagination ceux qui parlent au cœur, car c'est là où nous sommes, et c'est là où la parole, toujours subordonnée à l'impression divine, doit nous chercher, nous combattre, nous vaincre, nous rendre bons, sages, réglés, justes, vertueux. En un mot, l'homme c'est le cœur et tout ce qui n'est pas le cœur en nous n'est pas nous-mêmes. »

L'éloge bien senti de Mgr de Coislin qui, sans parler de ses vertus épiscopales, était un des plus nobles représentants de la vieille urbanité française, suivait les compliments adressés à la prédication contemporaine. En voici le résumé : « Au nom seul de l'illustre prélat se réveille ici dans tous les esprits l'idée de la charité la plus vive, la plus tendre, la plus inépuisable. Il avait toutes les vertus dans son cœur et, dans l'occasion, chacune venait à sa place. Que j'aimerais à mettre ici dans un beau jour sa sollicitude pastorale, son application infatigable à remplir les devoirs sacrés de l'épiscopat ! Rigide observateur de l'ordre public et de la discipline ecclésiastique, il réforma des abus sans nombre et renouvela dans la piété son clergé et son peuple. Mais comme, dans un tableau, la figure principale arrête davantage nos yeux, je suis frappé, à la vue de ce grand prélat, de sa charité, sa vertu propre......... Il laissa aux malheureux par son testament des fonds incroyables. Mais pourquoi par mes paroles affaiblir sa gloire ? les plus beaux éloges d'un évêque sont les larmes des pauvres à sa mort. La sienne fut un deuil public.

C'était l'illustre d'Aguessau qui devait répondre à Monsieur de Vence ; mais il en fut empêché, à son grand regret, et le directeur de l'Académie, en ce moment Danchet, un auteur médiocre de drames lyriques, dut le remplacer. Il eut, du moins, le bon goût de s'en excuser auprès de l'évêque académicien. « Ce jour, dit-il, pouvait être encore plus flatteur pour vous, Monseigneur ; le sort avait semblé conspirer à rendre votre réception plus brillante : il avait mis à la place que je suis forcé d'occuper l'illustre chef du premier parlement, ce magistrat aussi distingué par la réputation de son éloquence que par l'éclat de sa dignité. S'il avait pu être ici, quel spectacle touchant de voir deux orateurs applaudis tant de fois, l'un dans la chaire de vérité, l'autre dans le temple de la justice, se réunir en cette assemblée ! » Danchet ajouta avec beaucoup de justesse : « Au milieu des applaudissements que votre élection nous attire aujourd'hui, ne craignons pas de rappeler les reproches que vous nous avez fait essuyer. Ils vous ont fait honneur, mais sans nous blesser. Pendant le cours de vos travaux évangéliques, lorsque nos temples retentissaient de vos louanges, vos auditeurs sortant également édifiés des saintes vérités et touchés de votre éloquence, se plaignaient à nous de ne pas trouver votre nom sur nos listes, au nombre de ces fameux ministres de la parole de Dieu qui ont autant illustré l'Académie qu'instruit l'Eglise. »

Avant de quitter Paris, après sa réception, le doux et aimable pontife eut le regret d'assister à la mort du Père de la Tour, supérieur général de l'Oratoire. Il vit avec douleur que sa chère congrégation était plus divisée que jamais par l'adhésion passionnée d'un grand nombre de ses membres aux erreurs du Jansénisme. L'élection du Père de la Valette, précédée et suivie de l'exil de plusieurs Oratoriens révoltés contre la bulle *Unigenitus* et contre le Saint-Siège, ne put calmer les esprits et un ami de l'Oratoire écrivait au *Mercure* d'avril 1733, assez maladroitement, après la mort du Père de la Tour : « Il fallait à la congrégation un génie assorti de toutes les qualités nécessaires à la constitution de cet illustre corps qui se conduit par des principes différents du gouvernement des communautés régulières et même de presque toutes les communautés séculières. . . . . . . Dans l'Oratoire la supériorité est évitée avec autant de soin qu'elle est quelquefois recherchée ailleurs, et la dépendance qui n'a rien de contraint, ni de servile, y jouit de presque tous les privilèges de l'égalité. On ne s'y appréhende point les uns les autres, parce que personne ne peut y exercer une impérieuse domination et que le seul châtiment qui y soit redoutable est le malheur d'être exclu d'une si aimable société. Si le lien par lequel Pierre de Bérule avait constitué et rattaché à l'inébranlable hiérarchie de l'épiscopat et du Saint-Siège l'unité de sa congrégation, suffisant pour les temps ordinaires, n'a pu résister pleinement aux épreuves du dernier siècle, faut-il s'en étonner ? Il y a tels coups de vent qui déconcertent les calculs du pilote le plus habile. Le temps était venu, dit à son tour l'abbé Rosne, où l'esprit de liberté, en se corrompant, avait engendré un fatal esprit d'indépendance, et c'est la conviction que Surian emporta dans son diocèse. Ce fut au milieu de ces réflexions douloureuses qu'il écrivit un jour : « L'Oratoire est dans un tel état, qu'on ne peut lui donner que des larmes [1]. »

Pour lui, il éprouva une véritable consolation de rentrer dans son petit diocèse, où il pouvait faire le bien tout en goûtant la paix profonde que lui procurait son grand éloignement de la capitale, et, pour le rendre plus assuré, il cessa presque toute relation avec Paris, l'Académie et même l'Oratoire. Ce fut vainement qu'on lui proposa sa translation à de plus grands sièges. Il ne voulut pas même écouter ceux qui cherchaient à entamer cette question, disant comme Mgr du Vair : « Je ne veux pas quitter une épouse pauvre pour une femme riche. » Il savait pourtant que la moindre démarche de sa part aurait réussi à le placer dans un grand diocèse, très rapproché de la cour ; mais il se disait à lui-même, avec une philosophie vraiment chrétienne : « Je suppose que j'eusse pu gagner la faveur des grands et obtenir une place considérable. Les grâces valent-elles le repos que cette élévation m'aurait ravi ? J'ai fait consister mon bonheur dans un état borné ; j'y ai vécu avec plaisir ; j'y mourrai sans regret. Que puis-je désirer de plus ? J'ai été aussi heureux que j'avais besoin de l'être. L'aurais-je été si j'avais changé de situation ? L'expérience des autres m'a fait connaître l'incertitude où l'on vit dans les grands

[1] *Cahiers intimes.*

honneurs ; d'ailleurs, ma carrière est près de finir ; si Dieu me laissait maître de recommencer celle-ci, la liberté de renaître me paraîtrait une punition, non un bienfait [1]. »

Ces propositions se renouvelèrent en 1735, lorsque l'évêque de Vence dut se rendre à l'assemblée générale du clergé, présidée par le cardinal du clergé. Il y parut entouré d'une grande considération que ne fit qu'accroître son beau discours sur la religion chrétienne [1] et qui, chose inouïe, lui valut les éloges officiels de l'assemblée. A son retour de Paris, il accepta le prieuré de Gonssainville dont les revenus, joints à ceux de l'abbaye de Saint-Vincent du Luc, au diocèse d'Oléron, lui permirent de soutenir son rang. Il le fit surtout pour augmenter ses charités et c'est même ce qui le décida, malgré son horreur des procès, à plaider contre les Barnabites [2] qui avaient succédé aux Bénédictins et qui ne voulaient plus payer à l'évêque-abbé les redevances féodales de ce bénéfice.

Mgr de Surian vivait donc tranquille à Vence, uniquement occupé de l'instruction de son peuple et du soin de ses pauvres. Ce n'est pas qu'il se fit illusion sur la pauvreté et l'isolement de son siège épiscopal ; il en plaisantait même agréablement, comme nous l'avons lu dans ses cahiers intimes qui ont tous passé sous nos yeux [3]. « Ce

[1] « Mgr de Vence, dit Gaspard de Vintimille, archevêque de Paris, nous a prêché avec autant de force que de solidité. Les remerciements de l'assemblée ne peuvent égaler les éloges que mérite un si beau discours. » Tisserand, *Histoire de Vence*, p. 240.

[2] C'est Louis XIII qui, en 1611, donna cette abbaye, tombée entièrement en décadende, aux Barnabites de France.

[3] Puisque nous parlons de ces *Cahiers intimes* où se reflète si bien l'âme de notre aimable prélat et que le vénérable curé de Vence, M. le chanoine Bruny, a bien voulu nous communiquer, nous avertissons le lecteur qu'il trouvera en appendice une fidèle analyse de ces papiers si intéressants, due à l'abbé Tisserand, l'historien de Vence.

n'est pas ici, disait-il en souriant, le séjour des grâces ; on ne les trouve guère qu'à Paris, soit ; mais Paris peut être un triste séjour et Vence ou Senez une demeure aimable, selon la manière de penser et de sentir. Une carmélite est dans la joie quand une reine est dans les larmes. Je me fais un Paris de Vence ; je me fais de ma campagne un Versailles. La première des sciences est de savoir être heureux. » Il ajoutait avec bonne humeur : « Si la cour ne me fait pas de bien, ce n'est pas une raison pour que je me fasse du mal..... Si on me disait : « Voilà Paris ! » je répondrais : j'aime mieux mon doux Vence, car, depuis que je suis évêque, je me suis fais à moi-même mon destin et j'ai fixé mon sort dans le repos ; j'ai aimé d'être à Vence et mon bonheur justifie mon goût [1]. »

D'ailleurs, Mgr de Surian, avec son caractère doux, liant et facile, n'avait pas tardé de contracter de nouvelles et sérieuses amitiés. Il écrivait à ces connaissances d'une date encore très récente : « Vous êtes si aimables, que vous me faites de Vence un Paris. » Mais, dit fort justement son biographe moderne, il était retenu à Vence par la meilleure des raisons : il y faisait le bien et s'y sentait aimé. L'histoire de son épiscopat tient tout entière dans celle des œuvres de charité. La douceur lui était tellement innée, qu'il lui était très pénible de prendre un air de sévérité envers ceux qui avaient attiré sur leur tête un châtiment nécessaire. Il donnait à ses reproches la forme d'un conseil amical, d'un avertissement paternel ; rarement

[1] *Cahiers intimes*, ibidem.

un ordre absolu sortait de sa bouche. On l'a beaucoup loué d'une preuve de modération où nous avons peine à voir la marque d'une grande vertu. En vingt-sept ans d'épiscopat, il ne demanda pas une seule lettre de cachet, tandis que, de son temps, les autres évêques faisaient un usage assez fréquent de ces ordres souverains.

Quoique Surian, se souvenant de sa vie d'oratorien, fût toujours assez dur pour lui même, il se montrait pour les autres plein de mansuétude et exerçait largement l'hospitalité [1]. Mais c'étaient surtout les pauvres qu'il recevait avec une tendresse vraiment évangélique. Cela ne l'empêchait nullement de se rendre compte très exactement des défauts de ses diocésains. Il étudiait avec soin, de très près, raconte M. Rosne, la population au milieu de laquelle s'écoulait sa vie patriarcale ; car il voulait que la bienveillance fût éclairée et blâmait une prodigalité aveugle. Il redoutait singulièrement d'entretenir son peuple dans l'oisiveté et d'encourager la paresse des pauvres que le travail pouvait nourrir, qu'il pourrait relever à leurs propres yeux comme aux yeux des autres. Il jugeait les Venciens trop mous ; sans doute il les connaissait bien ; sans doute aussi, pendant ses promenades à travers la campagne ou pendant ses visites sous les toits de chaume, il a plus d'une fois adressé à quelque paysan, sur le bord d'un sillon ou au coin de la cheminé, avant de les confier au papier, les réflexions suivantes, et nous aimons à nous

[1] Dans une liste d'invitations de l'évêque de Vence, on lit les noms suivants : M. de Seguiran, les Pères de l'Oratoire, l'archevêque d'Aix, Mme de Simiane, le marquis de Vence, les Dominicains, M. d'Albersal, l'évêque de Grasse, Mlle de Caussin, M. Gilon, etc., etc.

le représenter dans ce rôle paternel et familier : « Que de gens à Vence sont pauvres parce qu'ils sont oisifs et prouvent la vérité de cette parole du Sage : *Egestatem operata est manus remissa.* » Cependant il voyait la terre fertile, invitant l'homme à lui demander des richesses qu'elle ne peut accorder gratuitement, et il s'indignait. « Ce pays est bon, s'écriait-il, c'est ce qui rend les habitants paresseux et ils sont pauvres parce que la nature les a fait riches. » D'ailleurs, la population était d'une étonnante frugalité et ne s'estimait point malheureuse. La verve du bon Surian s'allume à ce spectacle : « Le peuple à Vence est si accoutumé à manger peu, qu'il ne saurait mourir de faim. On jeûne ici admirablement. »

XIII

Parlons maintenant du rôle de Surian durant la guerre de succession. On sait que dans cette guerre la France et l'Espagne luttaient contre l'Angleterre et l'empereur d'Allemagne. La bataille de Toulon nous avait rendu maîtres de la Méditerranée (22 février 1744) et nos troupes confédérées, conduites par l'infant Don Philippe et le prince de Conti, s'avançaient vers le Var. Ces deux généraux inspiraient à leurs soldats cet esprit de courage et de confiance dont ils avaient besoin pour pénétrer dans un pays où un bataillon peut à chaque instant arrêter une armée, où il faut combattre contre des rochers, des précipices et des torrents et où la difficulté des convois n'est pas un moindre obstacle dans des chemins muletiers, escarpés et raboteux.

Dès les premiers jours de janvier 1744, le comte de Mirepoix, gouverneur de Provence, envoie ses ordres aux frontières. Vence répare ses tours, ses murs, ses barricades au faubourg, garnit ses créneaux de broussailles, court aux provisions et monte la garde jour et nuit[1].

Les armées françaises et espagnoles eurent d'abord des succès. Château-Dauphin fut enlevé aux Piémontais; les Français s'emparèrent du château de Demont et gagnèrent, quelques jours après, la bataille de Coni. Aussi le marquis de Vence, gouverneur d'Antibes, pria Mgr de Surian de faire chanter le *Te Deum* en action de grâces. La reddition de Gênes s'ensuivit. Mais, durant l'hiver, les Impériaux revinrent en si grand nombre, que nos troupes durent battre en retraite et repasser le Var. La ville de Vence se vit alors sur le point d'être envahie par les ennemis de la France. Dans cette affreuse situation, raconte l'abbé Tisserand, les Vençois n'eurent plus qu'à se mettre en sûreté, eux et leurs biens. Chacun emporta ce qu'il put de vivres et d'argent et laissa le reste entre les mains des consuls, de quoi on leur donna reconnaissance. L'Evêque encourageait les habitants à rester dans la ville et à ne pas s'effrayer : « Où iriez-vous? leur disait ce vénérable prélat, n'êtes-vous pas ici mieux qu'ailleurs, sous la protection de vos saints patrons? Que feront les ennemis à un peuple désarmé ? Ce n'est pas vous qu'ils viennent attaquer. [2] »

[1] *Histoire de Vence*, p. 241.
[2] *Ibidem*, p. 243.

Il était presque minuit et le conseil délibérait, quand tout à coup l'avant-garde des ennemis se présente sous les murs. Les premiers pillent les *basdides, brûlent cinq ou six maisons du faubourg, se gorgent de vin* et répandent le reste. Le général Novaty était à la tête des Impériaux et le marquis d'Hormée dirigeait les troupes piémontaises. Quand Mgr de Surian apprit que le général en chef arrivait, il alla, comme autrefois saint Véran au-devant des barbares, lui parler pour sauver son peuple : « Général, lui dit-il, vous ne venez pas faire la guerre aux citoyens, mais aux soldats. Le Dieu des armées et le sort des batailles décideront qui, du roi mon maître, ou des vôtres doit être le vainqueur, mais l'humanité et la générosité des princes que vous servez ne vous permettent pas de maltraiter des citoyens désarmés. » L'état-major resta saisi d'un saint respect à la vue de ce majestueux et éloquent pontife, vieillard de 76 ans. Novaty donna les ordres les plus sévères à ses troupes. L'auguste prélat conduisit l'état-major dans son palais, où il acheva de le subjuguer par ses manières douces et affables. Un aide de camp lui demandant le temps qu'il faudrait pour aller jusqu'à Lyon : « Je sais, répondit-il, le temps qu'il me faudrait pour me rendre à Lyon, mais je ne puis estimer celui qu'il faudrait à une armée qui aurait à combattre les troupes du roi, mon maître. [1] »

C'est alors que l'évêque de Vence, ayant appris que les Impériaux voulaient rançonner la ville, laissa puiser dans ses coffres plus de soixante mille livres, répondant ainsi

[1] Tisserand, *Histoire de Vence*, pp. 243, 244.

avec modestie et générosité aux odieux soupçons qui l'avaient fait accuser d'avarice, quant il ne songeait qu'à former un trésor pour les indigents ou pour les besoins de la patrie.

Enfin, la paix put se conclure en 1748 ; mais, jusqu'en 1760, la ville de Vence fut occupée par les ennemis qui lui enlevèrent presque toutes ses ressources, quoique, par égard pour l'illustre prélat, ils daignèrent n'imposer que de modiques contributions. Le maréchal de Belle-Isle, dit l'histoire de la malheureuse cité, fut reçu par Surian comme un libérateur. Ils étaient tous deux académiciens et Belle-Isle connaissait d'autant mieux Surian, qu'il avait succédé, à l'Académie, à Mgr Godeau, prédécesseur de notre pontife. Le maréchal s'empressa de faire évacuer Vence des troupes et surtout des malades qui l'encombraient; mais le passage presque quotidien des contingents de l'armée française augmenta, sans compter les désastres de la guerre, la dette énormé de cette petite ville.

Surian ne put voir sans un vif chagrin l'état misérable de son diocèse. Il redoubla ses privations et se fit petit, comme l'Apôtre saint Paul, pour accroître les trésors de la charité. Enfin, en 1751, il résolut de s'ouvrir du projet qu'il tenait caché dans son cœur et par lequel il s'est immortalisé à Vence. Les mesures que l'on avait prises jusqu'à ce jour pour soulager les pauvres étaient sans effet, puisqu'il manquait le plus important : un fond de secours. L'hospice possédait à peine de 8 à 9000 livres de capital. Mgr Godeau, en 1668, et Guillaume Savornin, en 1674, en avaient donné

[1] *Ibidem*, p. 246.

la plus grande partie. Surian réunit donc chez lui le conseil de ville avec les recteurs de la miséricorde et de la pitié et les engagea à fondre toutes leurs œuvres en une seule, afin d'obtenir du roi que leur maison devînt hôpital général. Il ajouta qu'il avait l'intention de leur léguer tous ses biens pour cette grande œuvre. Les conseillers de la ville et les recteurs des deux hôpitaux furent dans l'admiration d'une offre si généreuse et l'acceptèrent avec la plus grande joie. Le roi, touché d'une charité si grande, se hâta d'accorder, en février 1751, les lettres patentes pour l'hôpital général de Vence, lequel s'appela l'hôpital Saint-Jacques, du nom de son fondateur[1].

Désormais notre prélat fut regardé comme le père de la patrie. Aussi était-il heureux de la reconnaissance que les habitants de Vence lui témoignaient en toute occasion. Il les en remerciait en ces termes, au renouvellement de l'année 1752 : « Aisément, Messieurs, on se laisse persuader par ceux qu'on aime. Je crois que les vœux que vous faites pour moi sont sincères ; vous devez, par la même raison, être convaincus des souhaits ardents que je forme pour vous. Mes sentiments pour vos personnes sont si tendres, que je ne saurais penser que vous n'y répondiez point par le retour. Accordez-le moi ; je sens et j'ose dire que mon cœur le mérite.[2] »

Cette douceur et cette amabilité ne firent que croître dans les dernières années de l'excellent prélat. Voici ce que nous raconte le spirituel Gresset sur les derniers

[1] *Ibidem*, pp. 246, 247.
[2] *Cahiers intimes et mss.*

temps de l'existence de Surian. « A mesure qu'il approchait davantage de l'inévitable terme, il redoublait de piété et de tendresse. Sa voix affaiblie parlait encore au peuple de ses devoirs ; il ne s'éloignait plus un seul instant de son troupeau. Dévoué tout entier à l'instruction du peuple confié à son zèle, il lui consacra tous ses talents, tous ses soins ; pasteur d'autant plus cher aux siens que, ne les quittant jamais, il en était plus connu. Louange rarement donnée et bien digne d'être remarquée dans le cours de plus de vingt années d'épiscopat. Mgr l'évêque de Vence ne sortit jamais de son diocèse que quand il fut appelé à l'assemblée du clergé. [1] »

XIV

Mais il est temps de parler plus en détail de l'acte principal de l'épiscopat de Surian. Nous voulons dire de son testament. Il l'écrivit de sa propre main, dit l'historien de Vence, chez le notaire Ferron, le 9 mai 1754. Après un préambule plein de piété [2], rapporte l'abbé Tisserand, il défend le faste à ses funérailles, fait différents legs aux confréries de Vence [3], au grand séminaire ; il charge ses héritiers de donner cent livres au chapitre de Vence, pour

[1] Réponse de Gresset à d'Alembert qui avait hérité du fauteuil académique de Mgr de Surian.

[2] « Au nom du Père, du Fils et du Saint-Esprit. Après avoir imploré la miséricorde de Dieu pour mes péchés, moi, Jean-Baptiste, évêque de Vence, sain de corps et d'esprit, désirant par ma pure volonté disposer de mes biens, ai fait mon présent testament solennel et olographe ainsi qu'il suit... »

[3] Cent livres à la confrérie du Saint-Sacrement, la même somme à celle du Saint-Rosaire ; deux cent livres à chacune des confréries de pénitents.

être distribuées aux membres du clergé présents à ses obsèques. Sa chapelle reste au chapitre, ses livres au grand séminaire, à moins que son successeur n'en donne deux mille francs. Il n'oublia point les huit paroisses où il était décimateur et leur légua à chacune trois cents livres pour leurs pauvres. L'abbaye du Luc eut pour le même objet deux mille livres et le prieuré de Goussainville mille livres seulement.

Voyons maintenant ce qu'il laissa à ses parents, mais uniquement de ses bien patrimoniaux, car ce qui lui venait de l'Église devait faire retour à l'Église, d'après le vieux concile de Francfort. A son frère Balthazar, prêtre, deux terres et trois mille livres une fois payées ; à sa sœur Marianne, veuve Livron, quatre mille livres ; à la fille de cette dernière, épouse de M. d'Estienne, mille livres; à son frère Cosme Surian, le religieux Trinitaire, une rente de 80 livres pour une bonne œuvre qu'il lui avait confiée ; à sa nièce Victoire Livron, veuve Valin, qui avait perdu sa fortune, 10.000 livres et autant à chacun de ses deux enfants [1]. Après ses parents vinrent ses familiers et ses serviteurs. A M. Savournin, son chapelain, une rente annuelle de 60 livres, avec ses plus petites chasubles ; à Honoré Bellon, son majordome, 1.200 livres ; au frère de ce dernier, Antoine Bellon, 800 livres ; à la servante Périnette, 500 livres ; à Nicolas Corriol, 400 ; livres; à Charles Laugier, autant ; à Joseph Giraudy, autant [2].

Après avoir assuré à sa famille et à ceux qui l'avaient

[1] Surian fut arrêté un moment pour ce legs, tant il craignait le népotisme. Il fallut que M. Savournin le rassurât.

[2] C'étaient ses trois domestiques.

servi si longtemps ce que méritaient leur affection et leur dévouement, il ajouta : « De tous et chacun de mes autres biens, capitaux, meubles et effets, de quelque nature qu'ils puissent être, je nomme et j'institue mes héritiers universels l'hôpital et les pauvres de Vence. »

Joignons à cet acte important qui suffirait seul à faire bénir à jamais la mémoire de Surian quelques sages réflexions du charitable prélat : « Dans la crainte où je suis que le secours que le peuple de Vence retirera des revenus que je lui laisse ne le rende moins porté au travail de la campagne, mon intention est qu'après qu'on aura employé les fonds et revenus pour subvenir aux besoins pressants et raisonnables des pauvres et des malades, à marier de pauvres filles de Vence ou du diocèse, à recouvrir ou à bâtir des maisons ruinées, lesquelles réparations, en multipliant les habitants, rendront Vence plus populeuse et plus en état de cultiver les terres ; enfin que certaines parties soient employées à payer les pensions de pauvres ecclésiastiques, soit de Vence, soit du diocèce, dans quelque séminaire plus nombreux que le nôtre, et par là nous donner de bons sujets pour l'Eglise. Pour tous ces objets, il convient que les recteurs de l'hôpital consultent le seigneur évêque de Vence. [1] »

Ainsi que Mgr de Belsunce, son contemporain, Surian eut la pensée humble et délicate d'appeler comme témoins de ses dernières volontés de simples ouvriers ou marchands de sa ville épiscopale. C'étaient : Jacques Chéry, tailleur ; Philippe Cormette, marchand ; Pierre Michaud,

[1] Voir à Vence l'original du testament, chez le notaire Reillaume, registre de 1754, pp. 601 et suivantes.

ménager ; Philippe Declerc, cordonnier ; Boniface Fougère, cultivateur ; et Jean-Baptiste Dupin, cordonnier.

La mort du vénérable pontife suivit d'assez près l'expression de ses dernières volontés, puisqu'il rendit sa belle âme à son Créateur, le 3 août 1754, et l'académicien Gresset put dire avec raison : « Plein d'années et de vertus, Mgr de Vence est mort, pleuré des siens, comme un père tendre, honoré et chéri, expire au milieu des gémissements d'une famille éplorée dont il emporte l'estime, la reconnaissance et les regrets [1]. »

XV

Ce fut, nous l'avons dit, le philosophe d'Alembert qui succéda à notre prélat dans le fauteuil académique. Il voulut le louer, selon la tradition du lieu, mais il le fit comme un adepte des idées subversives de l'époque et qui ne sait plus comprendre les vertus d'un évêque. Aussi se contenta-t-il de lui décerner des éloges pour ses qualités naturelles, sans s'élever plus haut. Heureusement, l'aimable Gresset, qui devait lui répondre, sut, en même temps donner à l'ami de Voltaire une bonne leçon et condamner le genre de prédication de ce triste temps qui remplaçait si pauvrement la forte et substantielle éloquence des Bossuet et des Bourdaloue. « Quelle perte, s'écria-t-il, l'éloquence vient de faire, et quel génie lumineux viendra dissiper les profondes ténèbres qui la couvrent ! Notre siècle n'a que trop de ces esprits médiocres, de ces talents subalternes

[1] *Ibidem.*

qui, se croyant sublimes, ne peuvent manquer de se trouver éloquents et d'être pris pour tels par le vulgaire de tous les rangs. Dans toutes les tribunes on n'a que trop à essuyer ou cette froide éloquence qui n'est qu'une stérile abondance de mots, un vain étalage de raisonnements sans principes et sans objet, un chaos d'idées et de sentiments sans force et sans chaleur, ou de cette éloquence ridicule qui n'est que le langage faible du bel esprit, le jargon fastidieux de l'antithèse et la manie puérile de mettre tout en épigrammes [1]. »

L'évêque de Vence apparaît à Gresset comme le représentant d'un autre âge. Il ajoute : « Qui ranimera les cendres de l'orateur illustre que nous regrettons aujourd'hui, le dernier qui nous restait du siècle de l'éloquence véritable et dont les talents avaient balancé quelquefois le succès de Massillon ? Il avait, comme lui, recueilli dans cette compagnie l'héritage et la place de Bossuet et de Fléchier. Nous voyons nos pertes, nous les pleurons, et nos larmes sont d'autant plus justes que les dédommagements sont devenus plus rares et que l'éloquence sacrée attend encore un restaurateur. »

L'habile et disert académicien fait aussi l'éloge de la piété de Surian : « L'onction, qui fut toujours le principal attrait de l'éloquence de notre prélat, coulait de cette source divine de la charité et la charité était l'âme de cette piété. Pendant sa longue administration il apaisa toutes les querelles religieuses ou particulières dans son diocèse que l'on citait comme l'un de ceux où l'enviable

[1] *Ibidem.*

concorde n'était plus troublée. Il n'y souffrait pas qu'on discutât violemment sur les matières théologiques, alors l'objet d'une guerre de paroles si animée ; il ne détestait pas moins les procès qui font naître et entretiennent quelquefois, pendant plusieurs générations et souvent sans causes raisonnables, les plus vives animosités. Aussi ne les connut-il jamais, et, comme il était seigneur de Vence en même temps qu'évêque, il s'appliquait à les prévenir par l'usage le plus modéré de ses prérogatives. Sans abandonner les droits de son Eglise, héritage qu'il voulait transmettre intact à ses successeurs et qu'il se serait fait un crime de négliger, il ne froissait personne, et, quand il mourut, il ne se connaissait pas un ennemi. Son commerce était sûr et sa conversation charmante. Sa douceur n'était pas exempte parfois d'une sorte de mélancolie, mais nul n'en soupçonna rien, si ce n'est ses intimes ; il montrait partout une affabilité joyeuse et la plus extrême vieillesse n'eut jamais chez lui rien de morose [1].

Après les justes éloges décernés de toutes parts à l'évêque de Vence, nous devons dire quelque chose des attaques passionnées des Jansénistes, car ce sont aussi, à leur manière, de vrais louanges. Laissons, ici, la parole au dernier biographe de Surian qui les stigmatise fort justement. Les *condottieri* de notre temps les plus habiles à manier la plume-poignard du journaliste n'auraient rien à apprendre à leur confrère du XVIIIme siècle. Actes *monstrueux,* conduite *indécente*, mensonges *scandaleux*, tel est le langage ordinaire du pamphlétaire janséniste. Mais il joint

[1] *Ibidem.*

l'art des interprétations à la violence des jugements et à l'audace dans l'information. Il dit ironiquement à Guérin, le panégyriste de notre prélat, que certainement la Provence ne l'a pas chargé d'acquitter sa dette envers Surian, si dette il y a. Il traite d'imagination les circonstances que l'auteur prétend connaître par tradition de famille. Il s'étonne que l'on ose faire descendre Surian de l'illustre maison des Suriani, d'Italie, quoique son père fût un simple marchand ; il accuse l'Oratorien d'avoir lié amitié avec les ennemis naturels de sa congrégation afin d'obtenir l'épiscopat grâce à leur influence ; il le représente comme un espion au milieu de ses frères. On en impose *grossièrement* quand on insinue que l'évêque de Vence ne fut pas un persécuteur de la *saine doctrine* (le Jansénisme). Ne s'est-il pas empressé d'aller, avec une publicité affectée, signer le formulaire ? N'a-t-il pas ainsi bravé *indécemment* ceux de ses confrères qui refusaient leur signature ? Tout le monde ne sait-il pas qu'à l'archevêché de Paris on lui reprocha *son ton leste et cavalier* qui convenait si peu à un homme de sa robe ? M. de Senez, cet ancien de l'Oratoire, qui, dans les principes de l'Evangile, aurait pu lui servir de modèle, Surian ne l'a-t-il pas condamné ? Toutes les fois que l'occasion s'en présentait, il faisait l'éloge du *conciliabule* d'Embrun. Quand on le préconisa, on le qualifia seulement de « prêtre du diocèse d'Arles ». C'est que, sans doute il l'avait demandé, *rougissant* peut-être. déjà de son titre d'Oratorien et craignant qu'il ne lui fût nuisible. Il ne s'est jamais servi des lettres de cachet, soit ; mais on ne voit pas qu'il les désapprouvât. On le loue d'avoir scrupuleusement observé la loi de la résidence ; il est certain, au contraire, qu'il y manqua pendant les premières années de son épiscopat. On vanta sa charité ; mais, par une contradiction palpable, on avoue qu'il brava le reproche de ne pas faire du bien aux pauvres.

Nous nous arrêtons sur ce trait qui n'est pas le dernier, mais qui est bien le plus odieux et dont, heureusement, le lecteur pourra faire justice comme de beaucoup d'autres.

Ce fut Mgr de Lorry, le second successeur de Surian sur le siège de Vence, qui lui rendit les hommages dus à sa charité pour les pauvres et à son dévouement pour toutes ses ouailles. Ce digne prélat disait, dans le préambule de ses statuts synodaux : « Héritier du ministère des grands pontifes qui vous ont gouverné, des Godeau, des Surian, noms à jamais gravés dans les fastes de cette Eglise de Vence, nous occupons leur siège, nous brûlons de leur zèle, nous demandons à Dieu leurs vertus. Que nous est-il donné d'avoir leurs lumières et leurs talents ! Ils sont pour nous cette colonne lumineuse qui marchait à la tête du camp d'Israël. Les yeux fixés sur ces hommes vraiment apostoliques, puissants en œuvres et en paroles, nous suivrons la route qu'il nous ont frayée. Partout ils seront nos modèles et nos maîtres. »

Mais la mémoire de Surian demandait quelque chose de plus ; aussi, Mgr de Lorry [1] eut l'heureuse pensée de placer sur la porte principale de l'hôpital de Vence, la grande œuvre de notre doux et charitable pontife, cette inscription monumentale :

[1]. Ce fut ce digne prélat qui institua une commission pour régler les honneurs à rendre au doux et éloquent pontife.

A LA MÉMOIRE

DE

MESSIRE JEAN-BAPTISTE DE SURIAN

CONSEILLER DU ROY EN SES CONSEILS,

ÉVÊQUE ET SEIGNEUR DE VENCE,

L'UN DES QUARANTE DE L'ACADÉMIE FRANÇAISE.

LES TALENTS ET LES VERTUS FIRENT DE CE PRÉLAT,

L'UN DES ORNEMENTS DE L'ÉGLISE,

LA GLOIRE ET L'HONNEUR DE CE DIOCÈSE.

LES RECTEURS DE CET HÔPITAL, SON HÉRITIER UNIVERSEL,

LUI ONT DRESSÉ CE MONUMENT,

SOUS L'ÉPISCOPAT DE MONSEIGNEUR DE LORRY,

L'AN 1765.

SERMONS DE M. DE SURIAN

CONTENANT

LE PETIT CARÊME

AVERTISSEMENT

Ces sermons ont été prêchés en 1719, pendant la minorité de Louis XV, *devant Sa Majesté ; ils sont restés jusqu'ici dans le portefeuille d'un héritier de l'Auteur, qui s'est enfin déterminé à les donner à l'impression. Pour avoir une idée du* Père Surian, *on a cru qu'il suffisoit de transcrire l'éloge qu'en a fait* M. D'Alembert *dans son discours de réception à l'Académie Françoise avec la réponse à ce discours par* M. Gresset.

EXTRAIT

Du discours prononcé dans l'Académie Françoise, le 19 Décembre 1754, par M. d'ALEMBERT, lors de sa réception à la place de feu M. DE SURIAN, évêque de Vence.

MESSIEURS,

MONSIEUR l'Evêque de Vence ne fut redevable qu'à lui-même de la réputation et des honneurs dont il a joui : il ignora la souplesse du manége, la bassesse de l'intrigue, et ces autres moyens vils qui mènent aux dignités par le mépris : il fut éloquent et vertueux, et mérita par ces deux qualités l'Episcopat et vos suffrages. Permettez-moi, MESSIEURS, de commencer l'hommage que je dois à sa mémoire par quelques réflexions sur le genre dans lequel il s'est distingué : j'ai puisé ces réflexions dans vos Ouvrages, et je les soumets à vos lumières.

L'éloquence est le talent de faire passer rapidement et d'imprimer avec force dans l'ame des autres le sentiment profond dont on est pénétré : ce talent précieux a son germe dans une sensibilité rare pour le grand, l'honnête et le vrai ; la même agitation de l'ame, capable d'exciter en nous une émotion vive, suffit pour en faire sortir l'image au-dehors ; il n'y a donc point d'art pour l'éloquence, puisqu'il n'y en a point pour sentir. Ce n'est point à produire des beautés, c'est à faire éviter les fautes, que les grands Maîtres ont destiné les regles. La nature forme les hommes de génie, comme elle forme au sein de la terre les métaux precieux, brutes, informes, pleins d'alliage et de matieres étrangeres. L'art ne fait pour le génie que ce qu'il fait pour ces métaux, il n'ajoute rien à leur substance, il les dégage de ce qu'ils ont d'étranger, et découvre l'ouvrage de la nature.

Suivant ces principes, qui sont les vôtres, MESSIEURS, il n'y a de vraiment éloquent que ce qui conserve ce caractere en passant d'une langue dans une autre ; le sublime se traduit toujours, presque jamais le style. Pourquoi les Cicérons et les Démosthenes intéressent-ils celui même qui les lit dans une autre langue que la leur, quoique trop souvent dénaturés et travestis ? Le génie de ces grands Hommes y respire encore, et, si on peut parler ainsi, l'empreinte de leur ame y reste attachée.

Pour être éloquent, même sans aspirer à cette gloire, il ne faut à un génie élevé que de grands objets. Descartes et Newton (pardonnez, MESSIEURS, cet exemple à un Géomètre qui ose parler de l'éloquence devant vous) Descartes et Newton, ces deux Législateurs dans l'art de penser que je ne prétends pas mettre au rang des Orateurs, sont éloquents lorsqu'ils parlent de Dieu, du Temps et de l'Espace. En effet, ce qui nous élève l'esprit ou l'ame est la matière propre de l'éloquence, par le plaisir que nous ressentons à nous voir grands ; ce qui nous anéantit à nos yeux n'y est pas moins propre, en ce qu'il semble aussi nous élever, par le contraste entre le peu d'espace que nous occupons dans l'Univers, et l'étendue immense que nos réflexions osent parcourir, en s'élançant, pour ainsi dire, du centre étroit où nous sommes placés.

Rien n'est donc, MESSIEURS, plus favorable à l'éloquence que les vérités de la Religion ; elles nous offrent le néant et la dignité de l'homme. Mais plus un sujet est grand, plus on exige de ceux qui le traitent ; et les loix de l'éloquence de la Chaire compensent par leur rigueur les avantages de l'objet. Presque tout est écueil en ce genre ; la difficulté d'annoncer d'une maniere frapante et cependant naturelle des vérités que leur importance a rendues communes ; la forme seche et didactique, si ennemie des grands mouvements et des grandes idées ; l'air de prétention et d'apprêt qui décele un Orateur plus occupé de lui-même que du Dieu qu'il représente ; enfin le goût des ornemens frivoles qui outragent la majesté du sujet. Des différens styles qu'admet l'éloquence profane,il n'y a proprement que le style simple qui convienne à celle de la Chaire ; le sublime doit toujours être dans le sentiment ou dans la pensée, et la simplicité dans l'expression.

Telle fut, Messieurs, l'éloquence de l'Orateur qui est aujourd'hui l'objet de vos regrets ; elle fut touchante et sans art, comme la Religion et la Vérité ; il semblait l'avoir formée sur le modèle de ces discours nobles et simples, par lesquels un de nos plus illustres confrères inspiroit au cœur tendre et sensible de notre Monarque encore enfant les vertus dont nous goûtons aujourd'hui les fruits.

Qu'il serait à souhaiter que l'Eglise et la Nation, après avoir joui si longtemps de l'éloquence de mon prédécesseur, pussent en recueillir les restes après sa mort ! La lecture de ses ouvrages en eût, sans doute justifié le succès. Mais M. l'Evêque de Vence, par un sentiment que nous oserions blâmer, si nous n'en respections le principe, se défia, comme il le disoit lui-même, de sa jeunesse et de ses partisans. Il fut trop éclairé pour n'être pas modeste ; son ame ressembloit à son éloquence, elle étoit simple et élevée. La simplicité est la suite ordinaire de l'élévation des sentiments, parce que la simplicité consiste à se montrer tel que l'on est, et que les ames nobles gagnent toujours à être connues.

Enfin, ce qui honore le plus, MESSIEURS, la mémoire de M. l'Evêque de Vence, c'est son attachement éclairé pour la Religion. Il la respectoit assez pour vouloir la faire aimer aux autres; il savoit que les opinions des hommes leur sont du moins aussi chères que leurs passions; mais sont encore moins durables quand on les abandonne à elles-mêmes; que l'erreur ne résiste que trop à l'épreuve des remèdes violens; que la modération, la douceur et le temps détruisent tout, excepté la vérité. Il fut sur tout bien éloigné de ce zèle aveugle et barbare, qui cherche l'impiété où elle n'est pas, et qui moins ami de la Religion qu'ennemie des Sciences et des Lettres, outrage et noircit des hommes irréprochables dans leur conduite et dans leurs écrits. Où pourrais-je, MESSIEURS, réclamer avec plus de force et de succès contre cette injustice cruelle, qu'au milieu d'une Compagnie qui renferme ce que la Religion a de plus respectable; l'Etat de plus grand, les Lettres de plus célèbre? La Religion doit aux Lettres et à la Philosophie l'affermissement de ses principes; les Souverains l'affermissement de leurs droits, combattus et violés dans des siècles d'ignorance; les Peuples, cette lumière générale, qui rend l'autorité plus douce, et l'obéissance plus fidelle.

RÉPONSE DE M. GRESSET

AU

DISCOURS DE M. D'ALEMBERT

Monsieur,

Dans un jour consacré à la gloire des talents et des succès, pourquoi faut-il mêler la voix de la douleur au langage des applaudissements ? Vous avez tracé, Monsieur, avec autant de vérité que d'énergie, l'image de l'illustre Prélat que l'Académie Françoise vient de perdre, mais nos regrets sont trop étendus, trop sensibles et trop légitimes pour ne point arrêter encore un moment nos regards sur son tombeau. Quelle perte l'Eloquence vient de faire ! Et quel génie lumineux viendra dissiper les profondes ténèbres qui la couvrent ?

Notre siècle n'a que trop de ces esprits médiocres, de ces talens subalternes, qui se croyant sublimes ne peuvent manquer de se trouver éloquens, et d'être pris pour tels par le vulgaire de tous les rangs. Dans toutes les Tribunes, ainsi que dans la plupart des Sociétés, on n'a que trop à essuyer ou de cette froide éloquence prétendue, qui n'est qu'une stérile abondance de mots, un vain étalage de raisonnemens sans principes et sans objet, un chaos d'idées et de sentimens sans force et sans chaleur; ou de cette éloquence ridicule qui n'est que le langage faible du bel esprit, le jargon fastidieux de l'antithèse, et la manie puérile de mettre tout en épigrammes. Pour assurer à notre siècle une suite nombreuse de pareils déclamateurs, il ne faut que deux qualités qui, malheureusement, ne sont pas prêtes à manquer : la merveilleuse facilité de parler longtemps sans avoir rien à dire, et la confiance intrépide qui accompagne toujours les talens médiocres et les beaux esprits sans génie.

Mais qui nous rendra le vrai talent de parler avec raison, avec force, avec utilité, ce génie mâle et majestueux, sensible et pénétrant, simple et sublime, dont Athènes et Rome ont laissé des monuments que le dernier siècle a peut-être surpassés parmi nous, et que le nôtre n'atteint plus ? Qui nous rendra surtout l'éloquence de la Chaire, ce talent si rare, si difficile et si souvent usurpé, ce talent le premier de tous, par la nécessité, la grandeur et la supériorité de son objet ? Qui nous rappellera ces orateurs puissans, ces modérateurs de l'esprit humain, ces maîtres des passions elles-mêmes, ces ministres vraiment dignes d'annoncer aux hommes la vérité éternelle, l'unique vérité devant qui la terre doit rester en silence avec ses maîtres et ses sages ? Enfin, qui ranimera les cendres de l'orateur illustre que nous regrettons aujourd'hui, le dernier qui nous restoit du siècle de l'éloquence véritable, et dont les talens avoient balancé quelquefois le succès de Massillon ? Il avoit comme lui recueilli, dans cette Compagnie, l'héritage et la place de Bossuet et de Fléchier. Nous voyons nos pertes, nous les pleurons, et nos larmes sont d'autant plus justes, que les dédommagements sont devenus plus rares, et que l'Eloquence sacrée attend encore ici un restaurateur.

Malgré le faux axiome respecté dans les écoles, et proscrit par le goût, vous avez eu raison de dire, Monsieur, qu'on ne doit la grande éloquence qu'aux dons lumineux, à l'impulsion rapide de la Nature, et non au pesant secours des règles, ni au pédantisme des préceptes ; le génie ne s'apprend, ni ne se copie : mais à cette vérité, j'en dois ajouter une plus essentielle encore, et que la mémoire de M. l'Evêque de Vence rappelle naturellement pour sa gloire et pour l'instruction de ses imitateurs ; les dons de la Nature, à quelque degré de perfection qu'on les suppose, ne sont pas suffisans ; le génie lui-même n'est point encore assez pour un ministre de la parole sainte, il n'a rien, il n'arrive à rien, s'il ne joint aux talens et au génie l'autorité de l'exemple et l'éloquence des mœurs ; on n'inspire point ce qu'on ne sent pas vivement, il faut être convaincu pour convaincre, et agir pour persuader ; avec toute l'élévation des idées, toutes les grâces de l'expression et toute la force du sentiment, on est bien faible contre les passions d'autrui, quand on est soupçonné de les partager, quand on n'est annoncé que par la vanité, le désir de plaire, et la profane ambition.

Ce ne fut point sous de pareils auspices que M. l'Evêque de Vence entra dans la carrière ; rempli des grandes vérités du christianisme, nourri de l'étude des livres saints, il n'eut de guide que la Religion elle-même ; ses talens pour la chaire furent bientôt proclamés par la voix publique, et ses succès décidés ; il n'étoit point de ces prédicateurs frivoles et méprisables, qui, à la face des autels mêmes, cherchant moins les palmes du sanctuaire que les lauriers des spectacles, viennent montrer qu'ils ne savent que le langage du monde, ne veulent que lui plaire, et n'emportent de nos Temples, aux yeux du christianisme et de la raison, qu'une gloire sacrilège et des succès ridicules. Ses discours énergiques, sensibles, embellis par toutes les graces extérieures du talent, recevoient un nouveau poids, une autorité nouvelle, de la réputation de sa vertu. Solitaire paisible, philosophe chrétien, sans cabale, sans protecteur, attendu par un peuple nombreux, et sans avoir mendié d'auditeurs, du fond de sa retraite il venoit apporter la lumière, dévoiler les chimères du monde, les illusions de l'amour-propre, les petitesses de la grandeur, la faiblesse des esprits forts, le néant de la sagesse humaine; il venoit consoler l'infortune, attendrir la prospérité, apprendre aux impies à trembler, aux incrédules à adorer, aux grands à mourir, aux hommes à s'aimer; il étoit pénétré, il touchoit. Il n'appartient qu'à la vertu réelle que donne et consacre la Religion, d'élever cette voix impérieuse qui soumet la raison, qui fait taire l'esprit, qui parle au cœur et commande le devoir.

La gloire, qu'il ne cherchoit pas, vint le trouver dans sa solitude, et l'illustrer sans changer ses mœurs. Arrivé à l'épiscopat sans brigues, sans bassesses et sans hypocrisie, il y vécut sans faste, sans hauteur et sans négligence. Ce ne fut point de ces talens qui se taisent dès qu'ils sont récompensés, de ces bouches que la fortune rend muettes, et qui se fermant, dès que le rang est obtenu, prouvent trop qu'on ne prêche pas toujours pour des conversions; dévoué tout entier à l'instruction des peuples confiés à son zèle, il leur consacra tous ses talens, tous ses soins, tous ses jours, pasteur d'autant plus cher à son troupeau, que ne le quittant jamais, il en étoit plus connu. Louange rarement donnée et bien digne d'être remarquée; dans le cours de plus de vingt années d'épiscopat, M. l'Evêque de Vence ne sortit jamais de son diocèse, que quand il fut appelé par son devoir à l'Assemblée du Clergé; bien différent de ces pontifes agréables et profanes crayonnés autrefois par Despréaux, et qui regardant leur devoir comme un ennui, l'oisiveté comme un droit, leur résidence naturelle comme un exil, venoient promener leur inutilité parmi les écueils, le luxe et la mollesse de la capitale, ou venoient ramper à la Cour, et y traîner de l'ambition sans talents, de l'intrigue sans affaires, et de l'importance sans crédit. Enfin, plein d'années, de vertu et de gloire, il est mort pleuré des siens, comme un père tendre, honoré et chéri, expire au milieu des gémissements d'une famille éplorée, dont il emporte l'estime, la reconnaissance et les regrets.

L'éloge des morts ne seroit pas plus utile que la critique des vivants, s'il n'étoit une leçon pour ceux qui restent. Souvenons-nous donc, en regardant ce tombeau, que les lettres et les talens n'ont de réelle et durable gloire que quand la la raison et la religion y sont unis. A la voix de ces cendres encore éloquentes, que la noble émulation s'enflamme dans tous ceux qui osent se destiner à l'éloquence, en quelque genre que ce soit. On se plaint qu'elle dégénère ; mais que la nature seule soit consultée et suivie, que le goût de l'étude renaisse, que le cœur inspire, que la raison parle, alors l'Eloquence véritable se relèvera dans toutes les tribunes. Laisserions-nous enlever cette palme du génie à la splendeur d'un Empire, qui sous les loix heureuses du plus grand des Monarques, réunit tous les lauriers des talens et des arts, et tous les titres immortels qui consacrent la gloire du Maître et le bonheur des Sujets ?

SERMON

POUR

LA PURIFICATION DE LA SAINTE VIERGE

Tulerunt Jesum in Jerusalem ut darent hostiam.

« Ils portèrent Jésus à Jérusalem afin d'offrir une hostie. »

(*En S. Luc*, 2.)

SIRE,

Deux grands objets, et dignes surtout de l'attention de Votre Majesté, nous sont offerts aujourd'hui dans le saint Temple : Jésus qui se soumet à la loi malgré sa jeunesse la plus tendre ; Marie qui se soumet à la loi malgré la dignité la plus sublime et qui l'un et l'autre ne croiroient pas pouvoir avec bienséance paroître devant le Seigneur s'ils n'y venoient par leur oblation accomplir toute justice.

Quelle leçon pour nous, Prince auguste ! Ce Roi des Rois, à qui seul appartient d'instruire les Souverains, et qui depuis votre naissance vous a parlé par tant de voix, vient vous dire aujourd'hui par ces deux hosties si grandes, que ni l'âge si tendre où vous êtes, ni la place si haute que vous tenez, ne peuvent vous dispenser de vous soumettre à la loi de Dieu ; et que loin de vous faire de la jeunesse ou de la grandeur un prétexte de dispense, votre jeunesse même et votre grandeur vous doivent être de puissants motifs d'embrasser sans délai et sans bornes cette aimable loi qui fait seule la gloire des Souverains et la félicité des Empires.

Vous, ô mon Dieu ! éternel Protecteur de ce Royaume, aidez-moi à graver profondément l'amour de votre sainte loi dans le cœur de celui que vous nous avez donné pour Maître. Autrefois vous ordonnâtes à un de vos ministres de porter cette loi à la cour de Josias, et ce Prince si jeune encore vint l'écouter aux pieds du saint Autel, et au milieu de son peuple s'obligea par un serment solennel à l'observer toute sa vie : *Fœdus percussit ut custodiret.* Renouvellez ici, Seigneur, un spectacle si touchant. Que le Prince devant qui je parle, plein d'amour pour la sainte loi que je viens lui offrir aujourd'hui de votre part, se sente pressé à ce moment de se dévouer pour jamais à elle. Que ces autels, que ce Temple soient témoins de son engagement sacré. Eh ! quel bonheur pour lui ! quelle joie pour nous, si l'on pouvoit dire encore : nul Roi jusqu'à ce jeune Prince ne fut plus chéri du Ciel, parce qu'il fut fidèle à Dieu et qu'il accomplit toute sa loi sainte : *Juxtà omnem legem.* Demandons pour lui cette grâce à Dieu et les lumières de son esprit par l'entremise de Marie :

Premier Point

SIRE,

Dieu l'avoit dit par Isaïe : ô Rois, et vous Puissans du siècle, soumettez-vous dès votre enfance à la sainte loi, et donnez au Seigneur les prémices de votre vie. Mais ce qu'il avoit dit par son prophète lui paroît si nécessaire aux Grands, qu'il vient lui-même, Maître divin, le leur dire par son exemple ; et, en effet, dans l'obéissance que Jésus rend aujourd'hui à la loi, tout est digne de notre amour, mais ce qui me touche le plus, c'est la tendresse de son âge. Quarante jours après sa naissance, hostie seule digne de Dieu, il veut être porté au Temple, et là impatient d'obéir, à quelle loi ne se soumet-il pas ? à la loi du sacrifice, il s'immole comme premier né ; à loi de l'humilité, en lui un Dieu même, sous la forme de pécheur, devient hostie ; à la loi de la charité, il commence dès ce jour le grand ouvrage du salut du monde ; à la loi de la pénitence, son état ici n'est qu'une mortification, et lorsque sa bouche est encore dans le silence, son cœur déjà pénitent s'écrie à Dieu : Mon Père, vous n'avez pas voulu pour vous appaiser des hosties étrangères, mais vous m'avez formé un corps, laissez-le croître, avec lui croîtront mes douleurs ; hélas ! vous n'aurez pas longtemps à attendre ; bientôt ces membres trop faibles se fortifieront pour les grands tourmens, ces pieds s'étendront pour la croix, ces mains s'élargiront pour les grandes plaies, ce sang à peine formé pourra un jour consacrer le monde. Je ne fais que de naître et me voici prêt à mourir : *Ecce venio.* Mais souvenez-vous qu'il est écrit de moi : il s'offrira dès sa naissance, et pour le consoler je lui donnerai plusieurs disciples : *Ideo dispertiam illi plurimos.*

Mes frères, où apperçoit-on la vérité de ces promesses ? On ne voit dans les Grands du monde, dès leur premiers ans, qu'infraction à la loi sainte ; que leur inspire-t-on l'orgueil, la mollesse, la volupté, l'amour du monde ; il faudroit bien penser plutôt à leur inspirer la vertu. A quoi s'occupent-ils ? plût à Dieu que ce fut à former leurs mœurs à la piété et à la sagesse ! plût à Dieu que ce fût à être humbles, dociles, patients, mortifiés, charitables ! De quoi se remplissent-ils ? que Jésus-Christ voudrait qu'on pût dire, de son esprit, de ses exemples, de son amour, de la pénitence ! Il n'a pas cette consolation ; leurs cœurs révoltés contre les moindres devoirs ne sont ouverts qu'aux joies et aux dissipations mondaines ; ils ne commencent à connoître Dieu que pour commencer à le combattre. Ils n'ont point d'autre objet que le plaisir ; ce temps le plus précieux de la vie, qu'un Dieu même consacre ici à l'observance de la loi, on le croit un titre suffisant pour les violer toutes ; on s'en fait une excuse contre les devoirs les plus saints. Il semble que la piété n'est pas de cet âge, qu'elle ne s'y accorde pas, que la bienséance même la lui defend, et qu'en un mot il suffit d'être jeune pour être dispensé d'être chrétien.

O illusion ! que de Princes, que de Grands vous avez perdus, et que vous en perdrez encore !

Hélas! mes frères, mille raisons au contraire devraient donner en vous cet âge à Jésus-Christ : et celui-là est bien aveugle qui ne voit et plus de justice, et plus de nécessité et plus de mérite, et plus de facilité à se sacrifier jeune au Seigneur, qu'aux autres temps de la vie.

Plus de justice ; et n'est-il pas juste, en effet, que nos premiers mouvements aillent ici à ce premier principe de notre être ? N'est-il pas juste que dès que notre langue se dénoue nous bénissions Dieu ; qu'à mesure que nos yeux s'ouvrent, ils se tournent vers leur Créateur ; qu'à l'instant que notre cœur aime, il aime son Dieu ; qu'au moment que nous pouvons marcher nous entrions dans ses voies divines ; qu'au premier pas, pour ainsi dire, que nous faisons par le baptême dans le royaume de Jésus-Christ, nous observions les loix chrétiennes ? Et si ces motifs de se donner sans remise à Dieu sont si justes dans tous les hommes, que sera-ce des Grands qui ont plus reçu de lui ? Que serait-ce d'un Prince que Dieu aurait prévenu dès son enfance de ses plus saintes bénédictions, d'un Prince au-devant de qui Dieu, ce semble, auroit couru d'abord avec ses grâces les plus précieuses ; d'un Prince dont la vie entière n'auroit été que l'ouvrage de ses compassions ? Ah ! pourroit-il sans ingratitude être lent à se donner à lui, et ce Roi si chéri de vous ne doit-il pas être à vous aussitôt qu'il est à lui-même ?

Secondement. Il y a plus de nécessité dans le premier âge à se mettre sous le joug heureux de la loi. Eh! sans elle où iroit donc un jeune cœur tout plein encore de passions si vivantes alors et si fougueuses? Je crois voir un vaisseau sans gouvernail et sans Pilote, qui dans une nuit profonde, agité des vents furieux, donne tantôt sur un écueil, tantôt sur un autre, et après avoir été le jouet malheureux de flots, fait bientôt un triste naufrage.

O jeunesse! s'écrie saint Augustin, on vous appelle la fleur de la vie, mais que vous êtes le péril du cœur! et que si l'on ne vous retient par les liens sacrés de la loi, vous nous devenez dans tous les temps une source amère de larmes! Une jeunesse sage fait une vieillesse heureuse; mais des plaisirs du premier âge naissent les pleurs des derniers ans. Dans l'enfance en effet la raison est obscure et enveloppée, les passions violentes et impétueuses, les réflexions foibles et rares, l'attrait au vice fort et touchant, les pentes au mal plus rapides, le charme plus puissant, la témérité plus extrême avec tous les maux plus proches, tous les remèdes plus éloignés. Ah! n'est-il donc pas nécessaire que là soient la prière, la docilité, les lectures saintes, la pénitence, la mortification où sont les faiblesses? Ne faut-il pas que le temps des périls soient celui de la vigilance, que l'âge le plus fatal à la pitié soit défendu par l'exercice de la piété même? Ne pouvant trouver alors qu'aux pieds de Jésus-Chrit un asyle à votre innocence, ne devez-vous pas l'y chercher en vous déposant sans délai dans ses mains divines? Et puisque, selon le Sage, plus le danger est grand, plus la loi nous est nécessaire; un jeune Roi dont la situation réunit pour le salut tous les périls ensemble, peut-il assez tôt l'embrasser? Sans cette digue salutaire, Ciel! quel affreux torrent de péchés va se déborder sur lui! Quel déluge d'iniquités va inonder toute sa vie?

Par quelle voie, dit le Prophète, un Prince dans son premier âge peut-il prévenir l'égarement ? Et il se répond à lui-même : Seigneur, je n'en vois point d'autre que l'observance de votre sainte loi.

J'ai ajouté qu'à être de bonne heure à Dieu par l'obéissance à sa loi, il y a plus de mérite encore ; c'est l'âge qui nous est le plus cher, qui coûte le plus à offrir, qui fait durer plus longtemps le sacrifice, où le cœur, cette grande victime de la nouvelle loi, qui renferme essentiellement toutes les autres victimes ensemble, est le plus plein de désir, d'amour, de sentiment, de passions, de vie, et dont par conséquent ce premier de tous les êtres semble surtout être jaloux ; oui, lui qui toujours eut à dégoût ces victimes de rebut qui donnèrent au monde les prémices de leur amour ; lui qui rejette avec horreur ces hosties lentes, tardives, languissantes, dont son ennemi ne veut plus, et que l'infirmité souvent et la disgrace lui amènent plutôt que la charité. Ah ! si une victime jeune encore et toute vivante vient s'offrir à lui ; si un Roi dans l'âge le plus tendre avec cette candeur et cette beauté de l'innocence première, vient se jetter entre ses bras, lui présente un cœur tout fidèle encore, qui n'est jamais sorti de ses mains, où son image n'est point obscurcie, dont les affections coulent toutes pures dans son sein, où il voit encore avec joie l'impression de sa grâce et les traits si aimables de sa charité ; si un Prince dans cette saison la plus belle de sa vie vient lui protester ici, versant devant lui des larmes de joie et de tendresse, qu'il veut l'aimer toujours comme un enfant aime son père, qu'il ne veut vivre, qu'il ne veut régner que pour lui ; qu'il met avec joie à ses pieds et sa grandeur, et son sceptre et sa couronne, honteux de n'avoir pas à lui offrir davantage ; ah ! quel charme pour le cœur de Dieu et, pour ce Prince heureux, quel fond de mérite !

Enfin, on trouve dans ses premiers ans plus de facilité à s'offrir à Dieu, et à se soumettre à sa loi sainte. Un arbre encore tendre se plie et se redresse avec facilité ; un Prince encore jeune se tourne sans peine à la vertu ; au lieu que celui qui n'est pas chrétien de bonne heure, ne l'est plus que difficilement. Un tigre, un lion, un monstre qui, dès sa naissance, eût pu être étouffé sans peine, si on le laisse croître, dévore celui qui l'a nourri. Ainsi, un vice qui, d'abord, n'aurait presque rien coûté à vaincre, fortifié par le temps devient indomptable, et vous donne enfin le coup de la mort.

Effrayé d'un malheur si grand, hâtez-vous, SIRE, je vous en conjure par les entrailles de Jésus-Christ, hâtez-vous de vous donner ici à Dieu et à sa loi sainte ; si votre innocence vous est chère, si votre grâce vous est précieuse, mettez-vous sans cesse sous un joug si nécessaire et si doux. Eh ! pourquoi tarderiez-vous, Dieu a-t-il tardé à vous aimer ? A-t-il différé pour vous ses compassions et ses grâces ? Pourquoi différer pour lui votre amour ? Hélas ! en vous que de motifs, que de raisons de vous écrier avec le Roi prophète : *Domine, memor fui ab initio operum tuorum, et dixi : nunc cœpi.* Seigneur, je me suis souvenu de ce que vous avez fait pour moi dès mon enfance, *ab initio*. Comme d'abord vous m'avez conservé la vie, comme d'abord vous m'avez élevé au trône, comme vous m'avez donné une éducation aussi belle que ma naissance, comme vous avez mis dans mon âme des inclinations si heureuses pour la vertu ; comme enfin mes premiers moments ont été vos plus grandes grâces ; *et dixi ;* et j'ai dit, touché d'une bonté si prévenante, si paternelle : *Nunc cœpi;* ah ! puisqu'un Dieu a été sitôt à moi, pourrois-je différer ici d'être à lui ; je veux imiter par ma fidélité sa miséricorde ; je veux lui rendre empressement pour empressement. Quand je pourrois dans un âge si faible, dans une place si dangereuse n'être pas à lui par besoin, je voudrois y être par reconnaissance. Non, mon Dieu, je n'aurai pas la honte de me faire désirer ni attendre ; dès ce moment je me donne à vous, je m'y consacre, *ecce nunc cœpi*. Eh ! que sais-je, peut-être cette jeunesse si tendre qui s'immole ici à vous, vous touchera ; peut-être ce don que je vous fais ici des prémices de ma vie vous attendrira ; peut-être que la vue d'un Roi orphelin qui vous choisit aujourd'hui pour son père vous intéressera à ses périls ; peut-être que ces premières années que j'ai résolu de passer dans la piété et dans l'innocence attireront sur le reste de mes jours vos bénédictions et vos grâces ; peut-être qu'elles vous engageront à prendre soin de mon salut, à m'aimer, à me secourir, à me sauver des pièges sans nombre qui m'environnent. Ah ! trop de raisons ici m'en pressent, à l'exemple de Jésus-Christ votre fils ; j'ai commencé à m'offrir à vous dès ma jeunesse la plus tendre, *ecce nunc cœpi ;* et une preuve que mon sacrifice est sérieux, que ma résolution est sincère, c'est que je vais sans cesse avec lui observer vos commandements et pratiquer votre loi sainte : *Et custodivi legem tuam.*

La jeunesse, loin d'être une dispense, est donc un motif de vous sacrifier ici à Dieu, et Jésus vous l'a fait voir dans cette solennité si grande.

Second Point

Mais quelle leçon vous y vient faire Marie, dont la dignité ne voit que Dieu au-dessus d'elle. Elle vous apprend dans le saint Temple où elle vient se purifier, que l'éminence du rang, quelque haute qu'elle puisse être, n'exempte jamais de la loi de Dieu. Loin de chercher, pour se soustraire, des prétextes dans sa dignité, elle regarde la dignité comme une raison de se soumettre ; les prérogatives de mère de Dieu ne l'empêchent pas de remplir les devoirs de sa servante ; elle se fait de son élévation même un motif de fidélité, et plus elle a de grandeur, plus elle veut avoir d'obéissance.

Vous, au contraire, quand vous êtes d'une certaine élévation, vous vous regardez comme au-dessus des loix que vous renvoyez aux ames vulgaires ; être humble, modeste, pénitent, mortifié, recueilli, ennemi du monde, réglé dans sa dépense, fidèle à l'abstinence et au jeûne ; tout cela, selon vous, est incompatible avec la noblesse du sang et les grandes places ; vous vous permettez la hauteur, l'inutilité, la mollesse, le faste, comme un privilege de votre état ; il semble qu'il y ait un autre Evangile, une autre voie de salut pour vous. Il y en a une autre, en effet, mais c'est qu'étant plus exposés et plus pécheurs, vous devez être plus pénitens et plus fidèles.

Et pour confondre cette vaine erreur, qui croit que les Souverains et les Princes sont moins obligés à l'observance de la loi, quel spectacle auguste et plein d'une salutaire instruction nous est offert dans l'Ecriture ? A ce jour solennel où le Grand-Prêtre Joiada dans le saint Temple, au milieu des vœux et des acclamations du peuple, éleva sur le trône le jeune Joas, reste précieux de la maison de David, en même temps qu'il lui mit le diadème sur la tête, il lui mit aussi dans la main la Loi de Dieu : *Imposuerunt diadema et dederunt in manu ejus tenendam legem.*

Mon Dieu, que cette circonstance est belle ! que cette attitude est sainte ! Qu'un Roi est grand dans cet appareil mystérieux ! qu'il est un objet digne des regards de l'univers ! que je voudrais le donner ici en spectacle à tous les Souverains et à tous les Rois de la terre ! Le saint Pontife, à la vue des périls affreux où la royauté va exposer ce jeune Prince, est saisi d'effroi ; ses entrailles s'émeuvent, son cœur s'attendrit, et craignant que ce Roi, si cher qu'il avoit élevé et qu'il aimoit comme son enfant, n'abusât bientôt de sa dignité nouvelle, il se hâte, après lui avoir donné le diadème, de lui donner aussi la loi ; il ne veut pas qu'il soit sur le trône un moment sans elle. Il n'ose le laisser seul avec la souveraine puissance, seul avec la royauté ; il le met sans cesse sous la garde de la loi ; il le confie à elle pour le soutenir, pour le préserver, pour empêcher qu'il ne s'égare, qu'il ne tombe, pour le suspendre sur tant d'abîmes que la grandeur suprême ouvre sous ses pieds : sans cette règle sainte, rien ne lui répond plus de sa vertu, de sa piété, de son innocence : *Dederunt in manu ejus tenendam legem.* Il essaie de corriger en lui le danger de la puissance royale par la sainteté de la loi divine. Il veut lui insinuer qu'en même temps qu'un Souverain gouverne ses peuples, il doit se laisser lui-même gouverner à Dieu, dont il n'est que le premier sujet ; que son autorité n'est pas la sienne, mais celle de la sainte loi, qu'il n'est Roi que pour l'observer et pour la faire observer aux autres, que sa domination, quoique absolue, n'est pas arbitraire, mais soumise et subordonnée à l'équité des saintes loix ; qu'autant le Prince est au-dessus de nous, autant Dieu est au-dessus du Prince ; que le premier des empires est celui qu'il prend sur les passions, et que si le diadème le rend Roi de ses Sujets, la loi de Dieu doit le rendre Roi de lui-même : *Imposuerunt diadema et dederunt in manu ejus tenendam legem.*

Comme s'il lui eut dit : Prince, notre joie, notre unique espérance, non, ce n'est point ici pour nous un spectacle vain, ni une pure cérémonie ; un grand sens est renfermé dans cet appareil auguste où vous êtes. Si nous vous donnons aujourd'hui la loi en vous donnant le diadême, c'est pour vous apprendre qu'en vous ces deux choses inséparables doivent toujours aller ensemble ; la loi sans l'autorité ne seroit que faiblesse ; l'autorité sans la loi ne seroit que tyrannie : de leur union se forme un règne sage et heureux. La loi vous est offerte ici avec votre puissance pour la tempérer, pour l'adoucir, pour la sanctifier, pour la rendre aimable à vos peuples ; par ce diadème vous êtes leur Roi, et par cette loi vous êtes leur père. Si la couronne dont je couvre ici votre front est la marque de votre pouvoir, il faut que cette loi que je vous mets entre les mains en soit la règle. Quand vous régnerez sur votre peuple, qu'elle règne sur votre cœur, qu'elle parle, qu'elle agisse, qu'elle ordonne, qu'elle récompense, qu'elle punisse en votre personne, qu'elle soit pour ainsi dire votre premier Ministre ou plutôt l'unique Souverain de votre Etat, l'âme et l'esprit de votre Empire. On vous la met ici dans la main afin que vous la pratiquiez, que vous ne la perdiez jamais de vue, que vous la confrontiez sans cesse avec vos moindres actions, que chaque jour vous les fassiez repasser toutes devant elle. Si vous abusez de votre autorité, cette loi inflexible est auprès de vous pour vous condamner, pour vous confondre ; vous avez en elle un Juge plus grand, plus fort, plus redoutable que vous. Les Princes meurent, mais la loi de Dieu est immortelle, et elle sera pour les Rois, au delà des temps, s'ils l'ont méprisée, leur supplice éternel ; ou leur éternel bonheur, s'ils l'ont suivie. *Imposuerunt diadema et dederunt in manu ejus tenendam legem.*

Sire, à ces deux traits si vénérables et si saints, qui peut ne pas vous reconnaître ? Eh ! dans quel Prince jamais, dès l'âge le plus tendre, et le diadème et la loi parurentils plus réunis? A quel Prince jamais furent-ils plus propres? Ah! quand votre bisaïeul, mourant au milieu de nos sanglots et de nos larmes, vous disoit : Mon fils, vous allez régner après moi ; observez la loi de Dieu ; alors, sans doute, alors, du haut du ciel un père plus tendre encore et un Roi plus grand vous parla; sans doute une puissance plus souveraine et plus haute transmit alors dans votre ame son double esprit de royauté et de règle; sans doute une main invisible plus immortelle que la sienne vous mit avec lui le diadême sur la tête et dans la main la sainte loi; car dès ce jour éternellement mémorable, avec quel éclat avons-nous vu briller dans Votre Majesté cet accord si beau, mais si rare du diadême et de la loi.

D'une part, quel Prince élevé, ce semble, au-dessus de l'enfance, a paru plutôt être Roi, penser en Roi, parler en Roi, agir en Roi, représenter en Roi; qui eut plus de la royauté l'air, le maintien, le sérieux, la majesté, les graces? Tout en vous découvre le Souverain, tout comme le diadême : *Imposuerunt diadema;* et qu'avec la royauté la loi de Dieu alors vous fut donnée. En effet, quel Roi si jeune fut plus docile à la loi, plus ami de l'ordre, plus zélé pour la règle, plus attaché au devoir, plus fidèle à Dieu et à lui-même, et eut plus la loi dans sa main pour l'observer à chaque instant et pour la suivre? *Et dederunt in manu ejus tenendam legem.*

C'était donc vous, Prince auguste, c'était vous que l'Esprit-Saint voyoit en éloignement quand il disait : « Un germe précieux vous restera, il sera fidèle à la sainte loi, aussi ses peuples l'aimeront. »

Que nous vérifions ici à l'envi une promesse si touchante. Oui, mon Dieu, ce Roi qui vous est cher, nous est cher aussi à nous-mêmes; et qui pourroit ne pas aimer en lui tant de piété, tant d'innocence? Comment revoir dans cette image fidèle des Princes que nous avons perdus, ces mêmes vertus qui nous les rendaient si aimables, sans s'attendrir, sans pleurer de joie, sans se sentir pressé de vous crier avec le Prophète : O vous qui donnez le salut aux Rois, conservez-nous chèrement le nôtre ; qu'il vive, qu'il croisse sous la tendresse de vos regards ; orphelin sur la terre, qu'il ait en vous dans le ciel un père tendre qui l'aime ? Versez sur cet objet de notre amour vos bénédictions les plus saintes ; laissez-lui remplir pour le bonheur de l'univers ses plus hautes destinées. Quelles commencent glorieusement ! Pour les rendre chaque jour plus belles, consacrez-lui le Régent auguste, dépositaire de son autorité, qui s'acquiert dans une minorité la gloire des plus beaux règnes. Conservez-lui ce grand Prince, vrai sang des Héros, qui, ayant reçu les plus hautes vertus comme par héritage, va les transmettre ici par l'éducation. Conservez-lui, si vous l'aimez, cet homme sage, si capable, si digne de nous former un grand Roi, puisque le grand Roi se forme sur le grand homme. Conservez-lui ce Pontife si éclairé, si pieux, dont les progrès du Prince font si bien l'éloge. Conservez-lui surtout, ô mon Dieu ! lui-même en pleurs vous le demande ; conservez-lui un bien plus cher et plus précieux que sa couronne et sa vie : votre grace, votre esprit, votre crainte, votre amour, sa religion, son innocence. Non, que jamais ce cœur qui vous aime si tendrement ne se corrompe ; non, que jamais un Prince qui vous doit tant ne vous oublie ; que toujours il aime en vous son bienfaiteur et son père ; que toujours il serve en vous son Souverain et son maître ; que toujours il craigne en vous son Juge et son Dieu, afin qu'un jour il possède en vous son vrai bonheur dans l'immortalité de votre gloire.

SERMON

POUR

LE PREMIER DIMANCHE DE CARÊME

SUR LES TENTATIONS DES ROIS

Non in solo pane vivit homo, sed in omni verbo quod procedit de ore Dei.

« L'homme ne vit pas seulement de pain, mais de toute parole qui sort de la bouche de Dieu. »

(*En saint Mathieu*, chap. 4.)

SIRE,

CETTE parole divine qui sanctifie l'univers, et qui seule a fait les bons Rois, vient encore aujourd'hui vous instruire par ma bouche. Ecoutez-la, Prince ! de quel respect est digne un Dieu qui vous fait entendre sa voix, qui daigne vous servir de maître, et qui, après vous avoir donné son image, veut encore vous donner ici ses leçons ? Car Dieu tout seul parlera durant le cours de cette carriere sainte ; ce ne sera point ma parole, mais la sienne qui vous instruira ; c'est son Evangile que je me propose de vous expliquer. Quel dessein plus beau, plus grand, plus digne d'un Roi Chrétien pouvois-je former ? Ce que l'instruction humaine a si bien commencé, un Dieu lui-même vient l'achever par l'efficacité de sa parole. Cette parole seule a une force et une autorité a qui nulle autorité sous le soleil ne peut être comparée ; toute entière elle va se tourner en instruction pour vous, et en vous offrant sans cesse Jésus-Christ comme la regle de vos mœurs, elle vous apprendra, et tout ce qui peut vous faire régner saintement sur la terre, et tout ce qui peut vous faire régner éternellement dans le Ciel ; car Jésus-Christ qui est venu réformer le monde et sanctifier tous les états, n'a voulu naître du sang royal que pour servir aux Rois de modèle, et pour se proposer à eux comme la regle souveraine qu'ils doivent suivre ; et parce que les plus grands malheurs des Rois viennent des tentations qui les environnent, c'est contr'elles que l'Esprit-Saint se hâte d'abord de vous fortifier, en vous offrant les remèdes qui en préservent. On le sait, la royauté est pour les Souverains une tentation universelle ; mais trois grandes tentations surtout font le danger de leur vie : le plaisir, la flatterie, l'orgueil. Aussi est-ce par là que le Démon attaque Jésus-Christ dans le désert, et les armes dont il se sert contre ces tentations, sont celles qu'il vous met en main pour les combattre vous-mêmes ; la suite de notre Evangile vous en instruira. Vous, ô mon Dieu ! bénissez mes efforts : faites descendre du plus haut des cieux cette lumiere sainte qui instruit les Rois : mettez dans ma bouche les vérités propres à celui qui m'écoute ; que mes paroles, comme des traits de feu, pénètrent cette ame royale, et que je contribue, selon ma vocation, à former dans le bien le Prince le plus cher à ses Sujets et le plus précieux au monde. Demandons les lumieres du Saint-Esprit par, etc.

Premier Point

SIRE,

Première tentation de Jésus-Christ, le plaisir. Le Démon le voyant après son jeûne pressé de la faim, et voulant profiter d'une circonstance si favorable pour le tirer de l'ordre de Dieu, lui dit : Souffrirez-vous longtemps un état si triste ?

commandez à ces pierres de se changer en pain, c'est-à-dire, passez d'un état de peine et de souffrance à un état de soulagement et de plaisir, et ne vous refusez pas au moins une satisfaction si naturelle.

Et voilà le premier endroit par où le Démon vous attaque ; le trône et la grandeur sont comme environnés de plaisirs. Tout ce que les objets ont de charmes, tout ce que le monde a de délices, semble se réunir à votre cœur comme centre, et conspirer à vous amollir : et comment sauver son ame d'un poison si dangereux et si aimable ? Comment dans l'âge le plus tendre où les passions sont si vives, résister aux doux attraits de la volupté, et tenir son cœur comme en suspens au milieu de tant d'objets qui cherchent à le surprendre ? Comment ne suivre que son devoir quand on est maître de ne suivre que ses désirs ? Comment enfin conserver son innocence dans ces places éminentes où l'on peut tout ce qu'on veut, et où par le malheur inséparable de l'humanité on veut d'ordinaire ce qui corrompt et ce qui déregle ?

Triste condition des Grands ! le monde envie leur sort : aux yeux de la foi qu'ils sont à plaindre ! qu'on se sent pressé, quand on les aime, de pleurer sur eux, comme Samuel pleurait sur Saül ! Hélas ! vous portez votre trésor qui est la grace dans une vase d'argile, qui tout riche, tout précieux qu'il est par ses ornemens, est toujours bien fragile par sa matiere, et dans un danger continuel d'être brisé. L'innocence dans les particuliers est un mérite ; mais dans les Rois elle est un miracle.

Et Dieu lui-même trouve le péril si grand, qu'à l'egard des Princes qu'il aime, il se hâte, dit l'Ecriture, de les tirer du monde. Hélas ! Sire, dans votre auguste Sang, quel exemple ! il se hâta de peur que le poison de la volupté ne surprît leur ame. Il surprit bien le cœur du plus sage et du plus éclairé des Rois. Avant que le goût des vains plaisirs entraînât ce Prince, quelle pureté de vie, quelle innocence des mœurs ! Il était l'ouvrage du Très-Haut le plus saint et où sa main sembloit être la plus empreinte ; il avoit la raison de Dieu pour guide, son esprit pour maître, sa sagesse pour regle, sa volonté pour loi, son image pour ornement, sa religion pour apanage, l'impression de son cœur divin pour caractère et pour marque. Rien n'étoit plus grand, plus respectable dans l'univers. Mais à peine a-t-il cédé aux profanes voluptés, que toutes ses vertus lui échappent. Le voilà dégradé de sa première grandeur ; il ne se reconnoît pas lui-même ; tout ce qu'il avoit d'innocence et et de piété ne lui paroît plus qu'un songe ; il est même étonné du chemin que son cœur a fait depuis qu'il a quitté les voies de Dieu. Les sages dépositaires de son enfance et de son éducation le regardoient tristement, et pleuroient de douleur de voir leurs peines et leurs espérances perdues ; mais il ne songeoit qu'à les éloigner de sa présence ; leur vue autrefois si aimable, étoit pour lui une contrainte et un reproche. Enfin l'amour des plaisirs et de la volupté le jette d'abîme en abîme, et par elle le plus sage des Rois devient le plus insensé des hommes.

Mais qu'opposer, me direz-vous, à un ennemi si redoutable ? Les mêmes forces que Jésus-Christ daigne lui opposer lui-même, la parole de Dieu. Cette parole qui impose la pénitence aux Rois comme aux Peuples ; cette parole qui veut que tout Chrétien pour la croix, mortifie ses sens, immole sa chair ; cette parole qui dans tous les états maudit les joies profanes, dit anathème au plaisir, et même dans les palais des Rois foudroye la volupté et la mollesse. Voilà quelles armes un Prince, s'il veut être fidele à Dieu, doit employer contre l'attrait des vains plaisirs. Voilà de quel pain il doit se nourrir pour se fortifier contre les attaques de la volupté et pour apprendre à la vaincre. *L'homme ne vit pas seulement de pain, mais de toute parole qui sort de la bouche de Dieu.*

Ah ! Sire, n'oubliez jamais que c'est l'amour des plaisirs qui a fait presque tous les mauvais Princes.

Regardez la volupté comme la plus grande ennemie des Rois, et comme l'écueil le plus fatal à leur salut et à leur gloire. Qui ne sait pas maîtriser son cœur, gouverne mal ses peuples, et le premier de tous les empires est celui qu'on a sur ses désirs. Au jour de votre baptême, à la face du ciel et de la terre, vous avez renoncé à tout plaisir criminel ; ce fut, entrant dans l'Eglise, votre serment le plus solennel. Or un Roi à qui il importe tant qu'il n'y ait point de parjure, voudroit-il l'être lui-même envers son Dieu ! voudroit-il donner au monde l'exemple d'un serment violé ? et ne seroit-il pas honteux pour vous de n'aimer pas à être fidèle à Dieu, quand nous aimons tant à vous être fidèles à vous-même ?

Première tentation vaincue, le plaisir. Seconde tentation, la flatterie.

Second Point

Le Démon transporte Jésus-Christ dans la ville sainte, et le mettant sur le haut du Temple il lui dit : Jettez-vous en bas, car il est écrit : les Anges vous soutiendront. Voilà dans ce pere de mensonge les divers caractères de la flatterie ; il cache le péril, il déguise la vérité, il inspire une fausse confiance, il donne une vaine présomption, et c'est le poison que les Rois ont le plus à craindre, et qui corrompt davantage leur vertu ; par-tout où il y a de la grandeur il y a de la flatterie ; auprès des Rois un grand intérêt l'anime, aussi y fait-elle de plus grands efforts.

Aujourd'hui, Sire, vous êtes en sûreté entre les mains des sages ; mais quand les années vous auront rendu maître de vous, et que Dieu aura remis en vos seules mains la souveraine puissance, ciel ! quelle foule de flatteurs vous assiégeront ; vous les verrez ces hommes pliants et simples, étudier vos foibles, s'accommoder à vos inclinations, entrer dans vos joies et dans vos peines, vous menager selon vos goûts des plaisirs et des réjouissances ; ce ne sera autour de vous qu'empressement, qu'admiration, que complaisance ; toujours prêts à vous applaudir, attentifs à ne jamais vous contredire, vous irez, et ils iront ; vous blâmerez et ils blâmeront ; vous louerez, et ils loueront, n'ayant, ce semble, de volonté ni de raison que la vôtre ; paroissant, non ce qu'ils font, mais ce que vous les voudrez être ; prenant autant de formes que vous aurez de désirs. Avec eux vous n'aurez jamais tort ; toutes vos actions seront justes ; ils donneront à vos défauts, si vous en avez, des noms d'honneur et de gloire. Si un roi fait des cruautés, ils disent qu'il fait de grands exemples ; s'il opprime ses peuples, ils disent qu'il les tient dans le devoir ; si vous êtes vindicatif, ils diront que vous êtes juste ; si vous avez l'ame ambitieuse, ils diront que vous l'avez grande ; si vous êtes indolent, ils vous appelleront pacifique : détournant le nom des choses de leur propre signification, ils font aux Rois des vertus de tous leurs vices. Que sais-je ? s'il le faut, fourbes et hypocrites, ils abuseront, pour vous surprendre, de la vertu même. Ils feindront de la piété, si c'est par la piété qu'on peut vous prendre, et pour se mieux jouer de vous, ils se joueront de Dieu même. Voilà les vrais caractères des flatteurs, la cour des Rois abonde en ce genre de monstres : c'est là leur séjour ; c'est là leur centre. Aussi lorsque Dieu irrité contre le Roi Josaphat appelle pour le punir un esprit d'adulation et de mensonge, il s'en offre une multitude énorme pour y aller, tant leur penchant les y porte, et à l'envi ils s'écrient : *Ero spiritus mendax et prævalebo.* C'est moi qui irai à ce Roi misérable : je ferai contre lui un esprit qui le flattera, et bientôt je prévaudrai, *et prævalebo.*

Et en effet, à l'égard d'un Roi qui lui donne entrée, sur quoi le Démon de la flatterie ne prévaut-il pas ? Il prévaut sur son innocence, sur sa raison, sur sa piété, sur ses lumières, sur sa religion, sur ses intentions les plus droites, sur son naturel le plus heureux, sur les conseils des sages qui seuls le chérissent véritablement, sur l'amour de ses Peuples, sur la félicité de ses Sujets, sur son esprit, sur son cœur, sur toute sa personne, sur tout lui-même ; il éteint tout, il corrompt tout, il annéantit tout. Quand un Roi prête l'oreille à la flatterie, la vérité tremblante s'éloigne elle-même de son palais ; personne n'ose la lui dire, la terre entière garde le silence devant lui ; tout dans son royaume conspire à le tromper, toutes les langues ne se délient que pour le séduire : *Spiritus mendax in ore omnium.* Et chacun dit pour parvenir et pour arriver au titre si important de Favori : Je l'emporterai sur tous mes concurrens, et je prévaudrai par mes adulations sur tous les autres flatteurs ensemble : *Ero spiritus mendax et prævalebo.* Mon Dieu ! qu'un jeune Roi ainsi livré aux flatteurs fait de pitié à ceux qui l'aiment ! Non, les tigres, les lions, les bêtes les plus féroces, sont moins à craindre pour lui, et le dévoreraient avec moins de rage. De tous les fléaux dont Dieu bénit Roboam, le plus terrible sans doute fut de le livrer au commencement de son règne à ces jeunes flatteurs qui l'endormirent dans ses vices, et qui maîtres de son cœur y entretinrent la hauteur, la dureté et l'injustice. Lorsque les anciens, par tendresse pour lui, par reconnaissance pour son père qui les avoit comblés de bienfaits, lui donnoient des conseils si propres à le faire aimer, les autres le portèrent au contraire à ne dire aux peuples que des paroles d'affliction, et firent, comme il arrive, d'un Roi flatté, un Roi cruel, un Roi malheureux, un Roi odieux, haï de Dieu et des hommes.

Mais quelles armes employer contre ces ennemis en cela plus redoutables qu'il nous plaisent. Jésus-Christ daigne nous l'apprendre. Il les faut fuir, il les faut éloigner, il les faut proscrire. Quand l'esprit d'adulation le tente, il s'écrie : Retire-toi, Satan. Ainsi devez-vous dire, regardant le flatteur selon l'idée qu'en donne le Sage, tantôt comme un poison subtil, qui entrant de lui-même saisit le cœur et tue l'âme ; tantôt comme un serpent qui caché sous des fleurs, fait mourir par ses piqûres le malheureux qui s'endort auprès de lui ; tantôt comme ees monstres cruels, qui par la douceur de leur voix, ôtent la vie à ceux qui les écoutent. Vous, craignez-les, évitez-les, détestez-les ; si votre innocence vous est chère, si votre gloire même vous est précieuse, exterminez de votre cœur les flatteurs, comme vous feriez les traîtres, et croyant voir en leur personne le Démon lui-même, écriez-vous à leur approche comme Jésus-Christ : *Vade retro, Satana*, Retire-toi, Satan. Les flatteurs seuls sont les tyrans ; ils sont plus funestes à un Roi que tous ses autres ennemis ensemble. Contre ce genre d'hommes si méprisables et si bas, n'employez même que la grandeur et la noblesse de votre ame ; il y a autant de lâcheté de cœur dans celui qui se laisse flatter, qu'il y en a dans celui qui flatte. Pour vous mieux défendre des flatteurs, commencez par ne pas vous flatter vous-même. Car, mes frères, notre cœur d'ordinaire nous aide à nous abuser ; le plus dangereux de nos séducteurs, c'est notre amour propre ; on ne nous trompe jamais qu'en second ; l'adulation même tire toute sa force de notre faiblesse et de notre crédulité, et en vain les autres voudroient nous flatter, si nous ne nous flattions nous-mêmes. Vous, Prince auguste, à la place de la flatterie, appellez auprès de vous la vérité, la sainte et céleste vérité ; vous écriant avec le Roi Ezechias : *Domine, fit veritas in diebus meis.*

Seigneur, si vous m'aimez, si vous avez quelque pitié d'un Roi si jeune qui vous implore : ah ! mettez dans ma vie la vérité au lieu de la flatterie. Je pourrois vous demander de remplir mes jours de prospérités, de victoires, je ne vous demande que la vérité ; hélas ! si elle me fait triompher des flatteurs, ce sera pour moi une assez belle victoire : *Sit veritas in diebus meis.* Eh ! que de Princes different de la voir cette vérité, au lit de la mort, au pied de votre tribunal terrible ; mais qu'alors elle est affreuse pour eux ! Cette opposition des fausses louanges qu'on leur a données, avec les vices trop réels que votre justice leur montre, fait leur plus cruel tourment. Moi je vous la demande pour ma jeunesse, pour mes plus beaux jours, pour tout le cours de ma vie : *Sit veritas in diebus meis.* Que loin de la fuir j'aille moi-même au-devant de cette lumière sainte ; que toujours auprès de mon trône elle m'éclaire, elle me guide ; qu'elle règne avec moi, et par moi, et sur moi ; que j'aime ces hommes sages qui me la disent ; et que j'abhorre ces ames lâches qui me la cacheront. Je sais qu'en apparence elle est austère, mais que de biens ne procure-t-elle pas ! Fortifiez, mon Dieu, ce goût naturel que vous m'avez donné pour elle, et que toute ma vie j'aie le courage de l'écouter et la force de la suivre : *Domine, sit veritas in diebus meis.*

Troisième Point

Enfin, dernière tentation, celle de l'orgueil. Le Démon, confus de n'avoir pu vaincre Jésus-Christ, essaie une attaque nouvelle, qu'il croit la plus forte. Il transporte le Sauveur sur une montagne fort haute, et lui montrant tous les royaumes du monde avec la gloire qui les accompagne, il lui dit : Je vous donnerai toutes ces choses si en vous prosternant vous m'adorez. Cette situation de Jésus-Christ qui n'étoit pour lui qu'une fiction, une espèce de charme et de prestige, est dans les Rois une réalité. Ils se trouvent placés sur le trône comme dans un lieu éminent d'où ils voient à leurs pieds le reste du monde. Les royaumes de la terre avec toute leur pompe, non-seulement leur sont montrés, mais leur sont donnés. Ce n'est pas ici un spectacle, c'est une possession, et leur vie est un état tout de splendeur et tout de gloire.

Que cette tentation pour eux est délicate ! Qu'il est difficile de se défendre de cette ivresse de cœur que la royauté donne ! Que par elle la foiblesse humaine est attaquée fortement ! Dans quel danger elle met l'humilité chrétienne ! Plus votre condition est élevée, s'écrie saint Augustin, et plus elle est périlleuse, *quanto altior, tanto periculosior*. La souveraine puissance laisse dans l'âme je ne sais quel charme qui la remplit et l'occupe toute entière ; on s'attribue une supériorité de mérite quand on a une supériorité de grandeur ; on regarde l'ambition comme le sentiment et presque la vertu des grandes âmes.

Oh qu'il est à craindre que ceux à qui le monde accorde tout ne se refusent rien à eux-mêmes ! et qu'enchantés des hommages que les peuples vous rendent, vous n'oubliiez ceux que vous devez à Dieu !

Aussi c'est sur le trône que Balthazar croit être un Dieu. C'est sur le trône qu'Antiochus s'adore lui-même. C'est sur le trône que Pharaon, enflé de sa puissance, s'écrie orgueilleusement : C'est moi qui me suis fait. C'est sur le trône que Nabuchodonosor, séduit par sa propre grandeur, fait prosterner les peuples devant son idole. C'est sur le trône qu'on voit dans l'Ecriture un jeune Prince, avide de gloire, tenter l'empire de l'univers ; concevoir le projet superbe de soumettre à ses loix toutes les nations, comme si elles n'étoient qu'un seul homme ; vouloir mettre dans sa chaîne le genre humain ; saisir, pour ainsi dire, par ses désirs, le globe du monde ; écouter enfin le Démon quand il lui dit en lui montrant en esprit tous les royaumes de la terre : Si vous m'adorez, si vous voulez obéir à mes loix, suivre mes maximes, être ambitieux, sans bornes et sans règle, sacrifier à la gloire de votre nom le repos et le bonheur de vos peuples ; enfin sous le titre de héros être un tyran et le fléau de la terre, je vous donnerai toutes ces choses : *Hæc omnia tibi dabo.* Mais comment le Sauveur repousse-t-il cet esprit d'orgueil et de superbe ? Vous adorerez le Seigneur votre Dieu.

Et voilà ce qu'après lui je dis encore ici aux Grands du monde pour les défendre de la vanité que la grandeur leur inspire : vous adorerez le Seigneur votre Dieu ; c'est-à-dire, puisque vous avez besoin de plus grandes graces pour combattre l'impression des grands objets qui frappent sans cesse votre âme, pour vaincre l'éclat trompeur des vanités et des pompes du monde ; puisque cette élévation où vous êtes vous expose à de plus grands périls, forme, pour ainsi dire, sous vos pieds de plus grandes abîmes, vous prépare, au jugement de Dieu, un compte plus terrible, et des supplices plus rigoureux, qu'elle vous porte davantage à recourir à lui, à le prier, à le conjurer d'avoir pitié de votre état et à l'adorer par un culte plus fervent, plus religieux, plus fidèle : *Dominum Deum tuum adorabis.*

C'est-à-dire, le dessein du Démon en vous offrant les royaumes du monde est de vous remplir d'orgueil ; au contraire, que cette vue vous humilie, vous épouvante par le nombre infini de vos dangers et de vos devoirs, que ce spectacle de tant de peuples qui vous sont soumis et à qui vous devez l'exemple, vous inspire un désir ardent de les édifier, de les sanctifier et de les porter à adorer Dieu, en l'adorant vous-même : *Dominum Deum tuum adorabis.*

C'est-à-dire, au lieu de vous livrer au désir insensé d'acquérir de nouveaux royaumes, devenez vous-même le royaume de Dieu en le faisant régner souverainement dans votre âme. Les plus belles conquêtes d'un Roi Chrétien sont la vertu, la piété, l'amour des peuples, la soumission aux loix, la douceur, la bonté, la justice. Voilà l'empire qu'il doit conquérir ; voilà le royaume auquel il doit prétendre. S'il aime tant la guerre, qu'il la fasse donc aux plus grands ennemis des Rois, au faste, à l'orgueil, à la vanité, à cette ambition inquiète et insatiable qui veut tout avoir et toujours croître. La plus noble valeur est celle qui combat les vices ; et celui qui dompte son cœur, dit le Sage, vaut mieux, est plus héros que celui qui prend des villes. La véritable gloire d'un Roi est d'être Roi lui-même : de ranger ses vices au nombre de ses Sujets, et qu'il n'y ait rien dans son cœur dont il ne soit maître. Sans doute, de toutes les guerres que font les Souverains, la plus nécessaire et la plus glorieuse est celle qu'ils font à leurs passions. Vous, Sire, avant que les vôtres croissent, combattez-les, surmontez-les, rapportez à Dieu seul toute votre ambition, toute votre grandeur, toute votre puissance, et que tout vous-même soit pour lui un hommage universel, une seule adoration, et un grand sacrifice. *Dominum Deum tuum adorabis.*

Enfin, si la gloire du trône vous tente, loin d'en regarder l'éclat et la pompe, considérez-en la fragilité. Voyez comme sous la suprême majesté de Dieu les sceptres et les couronnes s'évanouissent ; voyez à ses pieds fondre et s'anéantir toutes les grandeurs de la terre; voyez dans ce torrent des siècles qui, se poussant les uns les autres, s'écoulent si rapidement, tant de Rois, tant de Prince disparaître. Hélas ! SIRE, et à qui sur ce point la providence rigoureuse du Seigneur a-t-elle jamais fait, coup sur coups, des leçons plus tristes ! Il ne se peut qu'à ce moment nos entrailles ne s'émeuvent. Voyez enfin comme sous le soleil, rien n'est durable ; et au milieu du dépérissement général de toutes choses, adorez Dieu, seul grand, seul vrai, seul Roi, seul toujours lui-même, seul immuable et immortel au milieu de la décadence de tout le reste. Seul digne d'être adoré, vous devez le craindre, l'aimer, le servir uniquement, puisqu'il est votre seul maître : *Dominum Deum tuum adorabis et illi soli servies.*

A ces paroles le Démon vaincu laissa le Sauveur, dit l'Evangile, et les Anges de Dieu s'approchèrent de lui et le servirent : *Accesserunt Angeli et ministrabant ei.*

Puissiez-vous ainsi l'éprouver, Prince auguste. Laissez-le, Esprit mauvais ; éloignez-vous à jamais d'une âme si pure, et vous, approchez de lui, Esprits célestes : Anges saints, veillez sur lui ; faites la garde autour de son cœur : empêchez que son innocence ne lui échappe, et qu'on ne lui enlève son trésor ; nous confions en vos mains fidèles un dépôt si cher.

Et vous, mon Dieu, du haut du ciel écoutez la prière que vous fait ici avec David ce prince votre enfant, l'objet de vos miséricordes : *Deus fortis meus*, ô mon Dieu ! ô ma force : *Elevator meus,* vous qui m'avez, contre toute apparence, élevé sur le trône, et qui pouvez seul m'y servir d'asyle contre ses dangers, et *refugium meum.* Ah ! daignez jetter sur moi un regard, il n'en faudra pas davantage pour vous toucher de compassion ; *respice in me et miserere,* ayez pitié de ma jeunesse, ayez pitié de mon état. Que je suis à plaindre !

Torrentes circumdederunt me, sur le trône, ce n'est pas une tentation seule qui m'attaque, c'est un torrent de vices et de péchés, qui, élevé sur moi, semble vouloir engloutir mon âme. *Funes inferni invenerunt me,* l'orgueil, la volupté, la flatterie, toutes les passions, comme des liens d'enfer, s'avancent vers moi pour m'enchaîner et me rendre leur esclave. *Ad te confugi,* allarmé sur moi-même, j'ai recours à vous ; je me jette entre vos bras : m'abandonneriez-vous, père tendre ? eh ! que deviendrai-je sans vous ; hâtez-vous de me secourir ; attendrissez-vous sur un Prince qui au comble même de la grandeur humaine se trouve malheureux par le danger seul où il est de vous perdre : *Tu autem adjuva me.* Dieu terrible et miséricordieux, hélas ! dans les premiers jours de ma vie, par quelles disgraces m'avez-vous affligé ? *Quantas ostendisti mihi tribulationes.* Elles ont été infinies dans leur nombre et extrêmes dans leur grandeur. *Multas et magnas. De abissis terræ reduxisti me*, vous m'avez retiré moi-même de l'abîme de la mort où j'étais près de tomber : ô Dieu ! ô mon Dieu ! pour mon salut j'ai de plus grands périls à craindre ! *Custodi innocentiam*, si je vous suis encore cher ; si vous avez quelque égard à la piété de mes pères, aux prières si tendres, si redoublées que vous font ici pour moi ceux à qui mon éducation est confiée ; conservez-moi l'innocence, cette innocence dans un jeune Roi si exposée, si combattue ; après tant de pertes, que du moins je ne fasse pas celle de mon Dieu ; ce seroit la plus lamentable : *Custodi innocentiam.*

Non, que jamais ce cœur qui vous aime si tendrement ne vous offense ; non, que jamais votre image en moi ne se flétrisse. Si je connaissais un bien plus précieux, je vous le demanderais ; je vous demande la grace de ne jamais vous offenser, de perdre plutôt ma couronne et ma vie que de commettre un seul péché : *Custodi innocentiam.* Si cette grace ne s'accorde qu'à nos larmes, les miennes coulent ici pour l'implorer. Soyez-en touché, Seigneur, songez qu'elles vous demandent pour moi de vous aimer toujours, de ne jamais vous perdre, d'être sans cesse auprès de vous, comme un enfant auprès de son père. *Benedicam tibi.* Si j'obtiens un bien si cher, je vous en bénirai et sur la terre et dans le ciel durant toute l'éternité bienheureuse. Je vous la souhaite.

SERMON

POUR

LE SECOND DIMANCHE DE CARÊME

SUR LES CARACTÈRES DE LA GRANDEUR CHRÉTIENNE

Hic est filius meus dilectus, ipsum audite.
« C'est ici mon fils bien-aimé, écoutez-le. »
(Matth., 17.)

SIRE,

C'est aux Grands et aux Rois surtout que Jésus-Christ en ce saint jour daigne se donner en spectacle. C'est à eux que du haut du ciel le Père ordonne de l'entendre. Quel maître plus grand, plus saint, plus digne d'eux ; et que dans les circonstances de ce mystère glorieux il leur fait des lecons propres et touchantes !

Non pour vous, Puissans du siècle, rien n'est vuide, rien n'est stérile sur le Tabor ; chaque parole que le Sauveur y dit, est une vérité qu'il y enseigne ; chaque démarche qu'il y fait, contient un devoir qu'il y impose. Il veut que s'il est l'image visible de votre gloire, vous y deveniez les imitateurs fidèles de sa sainteté. Il s'y tourne tout entier en instruction pour vous ; que les Grands, que les Princes, que les Rois, que le monde entier prosterné devant lui l'écoutent ; c'est le maître de l'univers : *Ipsum audite.* Et dans l'explication et l'homélie de notre Evangile, vous allez voir l'un après l'autre les caractères de la grandeur chrétienne tracés en la personne même d'un Dieu, et mis dans un jour si beau, qu'il vous serait également, et impossible de ne les pas voir, et honteux de ne les pas suivre. Ne perdez rien, Sire, d'un spectacle si grand, et dans lequel comme en abrégé se trouvent recueillis et tout le bonheur et toute la religion d'un Prince. Demandons les lumières, etc.

SIRE,

Jésus ayant pris avec lui Pierre, Jacques et Jean son frère, les fit aller sur une montagne éloignée. C'est ici un des principaux devoirs de la grandeur chrétienne. Ce Roi des Rois et ce modèle des Princes, Jésus-Christ, ne veut pas seulement vous faire connoître par le choix qu'il fait de ces trois Apôtres pour avoir part à sa confiance, qu'un Roi (chose rare) doit avoir des amis, et qu'il doit les prendre d'ordinaire dans son propre sang : car Jésus-Christ préfère ici son frère ; mais qu'à l'exemple du Sauveur qui choisit Pierre, distingué par sa foi si inébranlable, Jacques si plein de zèle pour la vérité, Jean si recommandable par l'innocence de ses mœurs ; un Prince, destiné à gouverner les peuples, ne doit prendre de liaisons étroites qu'avec des hommes sages et vertueux ; car les liaisons qu'il prend décident presque toujours de ses mœurs et de sa gloire. On nous croit tels que ceux que nous aimons ; nous devenons même ce que nous chérissons, et rien n'est plus propre à nous rendre vertueux, que d'aimer la vertu même.

Mais une instruction plus nécessaire encore nous est ici donnée par le soin qu'a Jesus-Christ de se dérober au monde pour aller dans un lieu solitaire et retiré, *in montem seorsum*. Et que veut-il apprendre par là aux Grands du siècle, à ces hommes toujours dissipés et absents d'eux-mêmes, toujours attirés et répandus au dehors, toujours dans l'agitation et le tumulte du monde, toujours étrangers à leur propre cœur, et qui n'ont rien de plus éloigné d'eux qu'eux-mêmes? Il leur apprend que plus leur état les dissipe, plus ils doivent s'efforcer de se recueillir, et se ménager au moins des moments heureux où ils puissent sous l'œil de Dieu retrouver quelquefois leur âme, et se mettre dans cette situation si désirable où furent les Apôtres sur le Tabor, lorsque rendus invisibles à tout le reste, ils ne virent plus que Jésus seul : *Nihil viderunt nisi solum Jesum.*

Et n'allez pas dire, Prince auguste, que c'est le malheur de votre condition d'être incompatible avec la retraite. Eh ! quoi, ignorez-vous que c'est être hors du monde que de ne pas l'aimer ; que Dieu, qui est esprit, demande de vous une solitude d'esprit ; que c'est le cœur qui fait notre dissipation ou notre retraite, et qu'au milieu de la Cour même nous sommes solitaires s'il est à Dieu, et dissipés dans le désert, s'il est au monde? Ignorez-vous qu'il y a, selon saint Paul, une retraite morale intérieure et nécessaire où l'éloignement du cœur supplée à la distance des lieux, et où le Chrétien, fût-il Prince, fût-il Roi, ne pouvant sortir du monde, fait sortir le monde de lui-même, y demeure par ce qui y engage et en est dehors par ce qui y corrompt? Semblable à ces anges, qui, par le corps, au milieu des peuples exerçoient sur la terre des ministères de salut, par l'esprit un Prince demeure toujours uni à Dieu, et imite en quelque sorte cet Etre suprême qui mêlé ici et répandu en toutes choses, n'a point de part à leur corruption.

David au milieu des soins de son royaume, au milieu même de l'éclat de ses victoires, crie à Dieu : Seigneur, j'ai retrouvé mon cœur fugitif, lorsque les charmes de la royauté, lorsque la gloire de mes triomphes, lorsque les occupations inséparables de l'empire étaient prêts de me l'enlever ; je l'ai repris avec force, je l'ai ramené à vous, et l'ai tout recueilli en votre présence, *Domine inveni cor.* Et s'il sut alors re-recueillir son cœur, est-il une situation où nous ne puissions retrouver le nôtre ? *Duxit eos in montem seorsum ;* il les mena sur une montagne éloignée, et là il fut transfiguré devant eux : *Et transfiguratus est.*

Qu'il fut beau de voir Jésus-Christ au milieu de ses Apôtres passer tout en gloire, prendre une forme nouvelle et céleste, laisser, ce semble, tout ce qu'il avait de l'homme pour ne paraître que Dieu ! J'ose le dire, tel doit être un Roi destiné à servir de spectacle au monde. Au milieu de ses Peuples, il doit paraître comme transfiguré en quelque chose de sacré et de divin, selon l'expression de Dieu même ! O Rois ! vous êtes des Dieux, *Dii estis.* Un Prince élevé sur le trône doit se regarder comme un homme qui représente Dieu, qui tient la place de Dieu, dont les pensées, les désirs, les sentiments, les vues, doivent avoir quelque chose de noble, d'élevé, qui exprime Dieu, et qui soit digne de Dieu ; à l'image de la grandeur de Dieu, conviennent les choses grandes, et à l'image de sa sainteté, les choses saintes. En lui, quand il gouverne ses peuples, l'homme, s'il se peut dire, doit disparaître avec ses faiblesses, avec ses passions, avec ses vices, pour ne laisser voir que la sainteté de Dieu dont il est l'image : *Transfiguratus est.*

Il faut que cette ressemblance avec Dieu lui change le cœur, lui élève l'âme, le rende une autre personne, et un homme nouveau : *Transfiguratus est.* La royauté comme étant un rayon, et un écoulement de la majesté divine, doit l'élever au-dessus des sentiments de la haine, de l'intérêt, de la vengeance, le porter à pardonner, à compâtir, à soulager comme Dieu : à conduire comme lui les hommes à la vertu par des bienfaits et des grâces ; il faut que dans un Roi tout exprime Dieu, tout se ressente de Dieu, que toutes ses actions respirent je ne sais quoi de grand, de saint, de céleste, à quoi on reconnaisse l'homme de Dieu sur les peuples. Il fau qu'un Prince que Dieu a transformé en l'image de sa grandeur, de son autorité, de sa puissance, se transforme lui-même en l'image de sa justice, de sa bonté, de sa miséricorde et que cette ressemblance auguste, qui commence en vous par l'éminence de votre rang, s'y achève par la sainteté de votre vie : *Transfiguratus est.*

Il faut qu'on puisse dire : Ce Roi que vous voyez sur le trône semble régner, mais c'est Dieu qui par lui règne ; il y a, ce semble, pris sa place ; sa royauté n'est qu'une portion de la royauté divine ; en sa personne Dieu juge ; Dieu parle, Dieu punit, Dieu récompense, Dieu fait la paix, Dieu fait la guerre ; son règne est l'empire de Dieu, sa puissance est sa puissance, il n'agit que par son esprit ; il n'est pas Roi pour lui-même, mais pour Dieu ; et imitant comme il le peut sur le trône Jésus-Christ sur le Tabor, il paraît comme caché, comme perdu, comme absorbé dans la sainteté de Dieu, et en lui on ne voit presque plus rien de l'homme : *Transfiguratus est.*

O Rois ! s'écrie à ce sujet saint Grégoire, vous qui êtes revêtus de l'image et de la puissance de Dieu, révérez cette autorité qui n'est pas la vôtre, mais la sienne : vivez saintement, puisque vous êtes comme transformés en un Dieu saint. Eu égard au caractère de la divinité que vous portez, respectez-vous vous-même : ayez pour vos personnes sacrées une espèce de religion qui vous empêche de vous déshonorer par aucun désordre. Vos moindres péchés ne sont-ils pas en vous des profanations et des irrévérences énormes ? Eh ! quelle audace monstrueuse serait-ce à un Roi d'user de la puissance d'un Dieu miséricordieux pour faire des actions cruelles ? De livrer en vous l'image de Dieu au péché et à l'infamie ; d'être assis sur le trône de Dieu et de violer toutes les lois divines ? Dieu se représente-t-il par l'injustice et le crime ? Reconnoissez mieux le grand mystère de Dieu en vous ; il gouverne le ciel par lui-même, et il partage avec vous l'empire de la terre. Soyez donc des dieux à vos sujets ; c'est-à-dire, gouvernez-les comme Dieu gouverne le monde, avec sagesse, avec bonté, avec clémence, d'une manière noble, juste, bienfaisante, en un mot, divine ; sans cela votre jugement sera plus rigoureux, et si vous n'êtes ici de grands exemples de la sainteté de Dieu, vous serez un jour de grands exemples de sa justice : *Transfiguratus est.*

Mais voyons dans les circonstances de la Transfiguration sainte de Jésus-Christ les leçons qu'il daigne vous faire encore. Il parut, dit l'Evangile, brillant de lumière, et ses vêtements étaient blancs comme la neige. Il exprimait par là, dit saint Chrysostôme, deux devoirs essentiels à tout chrétien : l'un qu'il doit s'instruire lui-même et se remplir, pour ainsi dire, de lumière ; l'autre qu'il doit édifier les peuples et leur offrir des mœurs pures et réglées. Mais si ces devoirs sont imposés à tous les chrétiens, qu'ils le sont davantage à un Roi, et à un Roi dans un âge tendre ! Il se doit à lui-même l'instruction, et à ses sujets l'exemple. Il faut qu'on puisse dire de lui : Il parut au milieu d'eux tout brillant de lumière.

D'ordinaire, la jeunesse des Rois paroît la partie de leur vie la plus indifférente et la plus vuide. Elle est en eux comme une suspension générale de toutes les actions éclatantes qui font la gloire des Souverains ; c'est néamoins la plus importante, la plus précieuse, d'où dépendent les autres âges ; la jeunesse seule est le temps d'apprendre. Celui qui apporte au gouvernement l'ignorance est assuré de la conserver toujours ; il n'apprendra plus que par l'expérience, qui est le mauvais des maitres ; il vaut mieux devoir sa sagesse à l'instruction.

Et de quoi un Roi doit-il plus s'instruire ? Loin d'imiter ces Grands du monde, qui croyant que leur seule naissance leur suffit et leur tient lieu de mérite, s'endorment dans la mollesse et l'oisiveté, font gloire même de leurs ténèbres, n'ont d'autre science que les plaisirs, savent tout ce qu'ils devraient ignorer, ignorent tout ce qu'ils devraient savoir ; et et marchant ainsi dans une nuit profonde, font autant de chûtes qu'ils font de pas. Un jeune Prince doit s'instruire de tout ce qui peut le rendre sage et ses Peuples heureux ; il doit apprendre, et avec soin, l'histoire du monde, l'histoire de son état et surtout l'histoire Sainte, ce livre où est peinte avec tant de force la grandeur de Dieu, qui en est l'ame et comme le seul Héros ; il y tire et du bien et du mal qu'on y a fait, des secours puissants pour sa conduite. Là, mieux que nous, Saül, réprouvé par sa désobéissance, lui apprend à se soumettre à Dieu ; là, Salomon, de voluptueux devenu idolâtre, lui inspire une horreur sainte pour les profanes plaisirs ; là, les grâces dont Dieu comble Josaphat, ce Prince si religieux, l'animent fortement à la piété ; là, Josias béni de Dieu pour avoir écouté sa loi et rétabli son culte, le remplit de respect et de zèle pour la parole sainte et pour la Religion ; là, quand il voit Néhémias devenir le plus cher objet des miséricordes du Seigneur pour avoir soulagé son peuple, il sent naître dans son cœur un amour tendre pour ses sujets. L'histoire sacrée est comme un grand livre toujours ouvert devant ses yeux pour y voir Dieu et pour le suivre ; il y étudie ses voies, il y adore ses ordres ; chaque événement y est une leçon pour lui ; pour lui chaque Roi y devient un maitre qui lui apprend ou la patience au milieu des plus grands malheurs, ou l'humilité au comble de la gloire et dans le torrent des prospérités. Sans cesse il y prend des exemples de ce qu'il y voit de grand et de saint ; il y forme ses mœurs sur la sagesse de tous les siècles ; il semble que toute l'antiquité sainte n'a agi que pour lui ; il semble qu'elle lui ait préparé de loin des sentiments sages et religieux pour toutes les situations, pour toutes les épreuves dans lesquelles ici-bas un Prince peut être ; il rapporte à son instruction tout ce que Dieu y a fait ; ce qu'il y voit de bon séparément dans chaque Roi, il essaie de le recueillir, rassembler en lui seul ; il met dans son empire comme en abrégé la félicité de tous les temps ; il s'enrichit des vertus et de la piété de tous les règnes. Ah ! lisez, SIRE, et relisez l'histoire du Seigneur ; quel trésor précieux pour vous ! et pour nous quelle espérance ! quelle joie ! de pouvoir retrouver par là dans notre seul Roi tous les bons Rois ensemble.

Et que devez-vous apprendre encore ? l'art de régner et de conduire sagement vos peuples. Car ce n'est pas assez pour un Roi d'avoir au dehors de la valeur et du courage, il faut qu'il ait au-dedans de la prudence et de la capacité. David n'étoit pas seulement victorieux à la tête de ses armées ; mais à Jérusalem, nul avant lui ne fut si habile dans la science de régner ; ce même Roi était dans la guerre un héros, et dans la paix un grand homme.

Mais si un Souverain doit savoir la loi des Peuples qu'il gouverne, il doit bien plus encore s'instruire de la loi de Dieu, cette loi qui le jugera ; cette loi qui peut seule le sanctifier ; cette loi que Moyse vouloit que les Rois lussent sans cesse, qu'ils la portassent avec eux pour en faire leur étude et leur règle ; il doit, comme dit l'Apôtre, se remplir de la science suréminente de Jésus-Chrit, de son esprit, de son Evangile, de ses vertus, de ses préceptes, de ses jugements, et se les imprimer au plus profond de son âme. Enfin, comme il est dit du jeune Salomon, un Roi doit être au milieu de son Etat ce que le soleil est au milieu du monde, une lumière vive et féconde qui anime tout, qui éclaire tout ; il doit être l'âme et l'intelligence de son empire ; et il faut qu'on puisse dire de lui, comme aujourd'hui de Jésus-Christ : Il parut au milieu d'eux tout brillant de lumière : *Resplenduit sicut sol.*

Et pourquoi l'Evangile a-t-il ajouté que ses habits parurent blancs comme la neige ! C'est pour vous apprendre, Prince auguste, qu'à la lumière de l'instruction vous devez ajouter celle de l'exemple. Car un Roi, si devant Dieu il veut trouver grâce, il doit rapporter toute sa vie au seul point de l'édification ; il ne sauroit ni se perdre, ni se sauver seul : je l'avoue, il peut charger ses Ministres de la police extérieure de son Etat ; il peut se reposer sur eux des fonctions de la Justice, de la culture des arts, de l'ordre des finances, du commandement de ses armées ; mais il ne peut se reposer que sur lui-même du bon exemple ; il est chargé de ce précieux dépôt ; c'est son devoir le plus propre. Dans la sphère sublime où Dieu l'a attaché, il doit mouvoir comme lui tous les cœurs à la vertu. Et quel emploi fut plus beau ! quelle destinée fut plus noble ! L'empire semble composé comme un grand tableau où chaque personnage selon son état soit avoir sa perfection propre ; mais où il faut que la principale figure, qui est le Roi, soit plus achevée et plus finie ; en lui la primauté du rang demande la primauté de la vertu. Nous sommes faits de telle sorte, que l'exemple des Grands nous plie et nous tourne de quel côté il veut ; on vit par rapport à ce qu'on aime ; et comme on aime la grandeur, on vit comme la grandeur même. Quand Hérode méprise Jésus-Christ, tout son peuple, tous ses soldats imitent ce mépris impie : *Sprevit eum Herodes cum omni exercitu suo.*

Le caractère du Prince forme les mœurs de l'Etat ; sa passion favorite devient d'ordinaire le vice dominant de ses sujets ; des biens infinis et inestimables accompagnent ses vertus ; mais s'il est par ses désordres un Roi scandaleux, quelle plaie ne devient-il pas dans un Royaume ? de combien d'âmes n'est-il pas le meurtrier ? de combien de crimes se trouvera-t-il chargé au tribunal de Dieu ? N'est-il pas cet homme de péché qui, la couronne sur la tête, précipite en foule dans l'enfer les âmes rachetées du sang divin de l'Agneau, et y tombe après plus profondément lui-même. Seigneur, s'écrioit un Roi effrayé, ah ! faites-moi grâce sur les péchés étrangers que mes sujets ont faits sur mon exemple !

Au contraire, que les Princes pieux recevront aux pieds de Jésus-Christ de bénédictions et de grâces ! Leur bon exemple aura produit dans tous les cœurs une émulation sainte de piété ; ils auront été pour leurs peuples une source féconde de sanctification ; en eux de grands exemples auront fait naître de grandes vertus. O qu'ils seront alors un objet agréable à Dieu ! qu'ils sont maintenant un don aimable de sa main, et un présent bien cher de sa miséricorde !

Aussi, lorsque Dieu attendri sur Israël veut lui donner une marque éclatante de son amour, il lui dit : Je vous donnerai le Roi Asa, qui sera sur vous par ses vertus comme une lumière brillante. Sa piété, regardée et comme en spectacle, animera tous les cœurs au bien : *Dabo Asa quasi lucernam in Israel ;* et il ajoute que dans le présent qu'il leur fait de ce Prince édifiant, il a égard à la piété de David dont il venait d'occuper le trône : *Propter David.* Ainsi Dieu veut que ce jeune Roi édifie son Peuple, parce que le père de ses pères avoit été un Roi religieux ; et si Dieu, dans sa miséricorde, observe ici la même loi, si encore aujourd'hui l'arrière-petit-fils est édifiant à proportion de ce que le bisayeul fut pieux,

SIRE, que nous devons attendre de vous de grands exemples ! Et en quoi donc, me direz-vous, consiste cet exemple que les Rois doivent à leurs sujets ? Jésus-Christ sur le Tabor va vous l'apprendre, continuant à vous y offrir les vrais caractères de la grandeur chrétienne. Il appelle auprès de lui Moïse et Elie ; Moyse qui étoit le Législateur des Juifs, Elie qui étoit leur plus grand Prophète, sans doute pour vous apprendre, ô Rois ! à qui dans ce mystère de gloire il daigne sans cesse parler, que vous n'édifierez vos peuples qu'autant que vous observerez la loi, c'est-à-dire, que vous serez justes, bons, modérés, patients, fidèles aux préceptes du Seigneur et des lois saintes de son Eglise ; qu'autant que vous respecterez les Prophètes, c'est-à-dire, ceux qui vous sont envoyés de la part de Dieu pour vous instruire et pour vous annoncer la vérité. Car voilà uniquement à quoi vous êtes appelés ; voilà les grandes vues de Dieu en vous élevant au plus haut degré des choses humaines, c'est pour montrer en vous de plus loin et dans un plus grand jour toute l'observance de la loi et la pratique des vertus chrétiennes : *Apparuerunt Moyses et Elias.*

Oui, SIRE, quand Jésus-Christ, ici notre modèle, à peine élevé dans la majesté de sa gloire, rassemble autour de lui l'Ancien Testament, le Nouveau, la Synagogue et l'Eglise, la Loi et l'Evangile, les Prophètes et les Apôtres, Moyse et Elie, c'est-à-dire toute la piété de l'univers, toute la religion recueillie en lui comme en son centre, il veut vous apprendre que dès qu'un Prince par la royauté se voit élevé au faîte de la gloire, il doit se fortifier contr'elle par la Religion ; qu'il en doit recueillir en lui les traits les plus sacrés et les caractères les plus augustes ; qu'il doit se mettre sans cesse sous la garde de la piété, l'appeler à son secours pour sanctifier sa grandeur, pour en faire un contre-poids à son autorité, un rempart contre sa puissance, un frein sacré à ses passions, d'autant plus dangereuses dans les Rois, qu'elles sont plus libres.

Quand Jésus-Christ sur le Tabor fait entrer, ce semble, la Religion elle-même en partage de sa félicité ; quand il compose ici son bonheur de ce qu'il y a de plus saint au monde, il veut lui insinuer que le vrai bonheur d'un Roi n'est pas dans sa gloire, mais dans sa piété ; qu'il n'est heureux qu'autant qu'il est saint ; qu'il doit, comme aujourd'hui Jésus-Christ, répandre son bonheur sur tous ceux qui l'environnent, et rendre heureuse l'Eglise de Dieu ; que non seulement la Religion sainte est pour un Roi la force et la félicité de son empire, mais encore celle de son cœur ; que sans elle un Prince, bientôt vaincu par ses vices, est esclave quoique Roi, foible quoique puissant, sans gloire quoiqu'élevé au comble de la grandeur, et nullement souverain puisqu'il ne l'est pas de lui-même.

Quand Jésus-Christ veut aujourd'hui que le plus bel éclat de sa gloire vienne, ce semble des objets de la piété, il veut vous dire que loin de rougir comme font les Grands du monde des pratiques saintes de la foi, vous en devez tirer toute votre gloire, que vous devez vous honorer vous-même des exercices de la piété, la glorifier en vous, et la rendre par là plus respectable aux Peuples ; il veut veut vous dire que le plus grand spectacle qu'un Souverain puisse offrir à l'univers, à ses Sujets, est celui d'une vie sainte ; que vous n'êtes Roi que pour donner à la Religion plus d'éclat, plus de magnificence, plus de pompe, pour faire rejaillir sur elle les plus beaux rayons de votre majesté, pour offrir sans cesse au monde cette alliance si vénérable de la Royauté et de la Religion, d'où naît la splendeur des Etats et la prospérité des Empires ; qu'enfin pour exprimer ici le Sauveur, il faut qu'un Roi chrétien recueille en lui toute la Religion, qu'il en rassemble dans ses mœurs les traits les plus saints, les caractères les plus augustes; il faut qu'il se place, ce semble, entre Moyse et Elie, c'est-à-dire, entre la douceur et le zèle, qu'il soit gardé, comme dit le Sage, d'un côté par la loi, de l'autre par la vérité, (mon Dieu, que c'est là une belle garde pour un Roi! et qu'elle est sûre!) il faut en un mot que l'on puisse dire de vous comme aujourd'hui de Jésus-Christ : dès qu'il fut élevé sur le trône de sa gloire, on vit paroître avec lui Moyse et Elie, c'est-à-dire tout ce que la Loi a ordonné de juste, tout ce que les Prophètes ont prédit de saint, et par là toute la piété, toute la vertu, toute la sainteté, la Religion toute entière : *Apparuerunt cum eo Moyses et Elias.*

Sur un Roi si chrétien comme ici sur Jésus-Christ, non seulement du haut du Ciel les grâces divines se répandent, mais ici-bas encore son Peuple content et heureux le bénit; sous son règne aimable chacun s'écrie transporté de joie et hors de lui-même, comme Pierre sur la montagne : *Bonum est nos hic esse.* O que notre sort est doux ici! que nos destinées y sont belles! Pourrions-nous quitter un si bon Maître? Fixons auprès de lui notre demeure, et dans la fidélité que nous aurons pour ce Roi si cher, suivons également et notre devoir, et notre religion, et notre tendresse : *Faciamus hic tria tabernacula.*

Mais que les Rois achèvent d'apprendre au Sauveur transfiguré les vertus par lesquelles ils peuvent régner saintement. Déjà pour leur apprendre à être bons, doux, affables à leurs Peuples, et à chercher moins à s'en faire craindre qu'à s'en faire aimer, voyez avec quelle tendresse Jésus-Christ s'approche de ses disciples que l'éclat de sa gloire avoit éblouis : *Accessit;* voyez comme il relève leur courage : *Dicens : Surgite;* comme il dissipe leur frayeur : *Nolite timere.* Il paroît leur maître par sa grandeur et par sa bonté leur père. Déjà pour leur apprendre à se fortifier par la pénitence contre ce fond de mollesse attaché, ce semble, à leur condition, voyez comme il rappelle au milieu même de sa gloire l'image de ses douleurs, et cet excès de souffrances qu'il devoit accomplir à Jérusalem : *De excessu quem completurus erat in Jerusalem.* Mais parce qu'eu égard à la hauteur de leur état il regarde l'humilité comme la vertu la plus nécessaire aux Rois et la plus difficile, admirez comme il la répand ici sur tous les endroits de son mystère. Peu de témoins appelés, parmi les Apôtres, celui-là choisi qui devoit le renoncer ; toute cette gloire bornée à la seule montagne ; une nuée même qui pour tempérer l'éclat de sa chair, l'enveloppe et dérobe au moins par là une partie du spectacle ; ce spectacle seulement offert pour augmenter par son opposition l'ignominie de ses souffrances. Encore si cette gloire étoit d'une longue durée ; mais à peine la charité l'a montrée, que l'humilité jette son voile pour la cacher ; et celui qui plutôt qu'on ignorât les humiliations de sa naissance et de sa mort, fait descendre des anges, fait éclipser des astres pour l'annoncer, s'il laisse échapper un foible rayon de gloire, des prières des instances, des ordres reitérés de n'en point parler : *Nemini dixeritis et præcepit eis.*

Grands du monde, vous aspirez à la même gloire. Mais après cela la vanité y mène-t-elle ? mais l'orgueil et la superbe y conduisent-ils ? Non, les voies que Jésus-Christ vous offre sur le Tabor sont les seules ; on périt dès qu'on les quitte, et si vous n'y entrez dès à présent, il faut vous résoudre à être pour jamais privés de sa gloire.

Soyez effrayés, Sire, d'un malheur si grand ; pour l'éviter, donnez à votre grandeur, autant que le permet la faiblesse humaine, les sacrés caractères que Jésus-Christ donne aujourd'hui à la sienne, offrez sur le trône les mêmes vertus qu'il offre sur le Tabor. Si comme lui, dans l'éclat même qui vous environne, vous êtes humble, bon, mortifié, pénitent, ennemi du monde, sur vous comme aujourd'hui sur lui le ciel s'ouvrira, l'esprit de Dieu descendra, la grâce sainte vous remplira, et du sein de sa gloire Jésus-Christ lui-même prononcera sur vous ces paroles si consolantes, que lui fait entendre avec tant d'amour le Père céleste : *Hic est filius meus dilectus.* C'est ici, mon fils bien-aimé ; son père et sa mère l'ont abandonné, j'en fais mon enfant ; je lui suppléerai ce qu'il avoit de plus cher. Non, il n'est plus orphelin, car je l'adopte, et que bienheureux l'enfant qui a Dieu pour père ! *Hic est filius meus dilectus.* Sans cesse je lui donnerai des marques de mon amour ; sans cesse il sera sous la tendresse de mes regards ; son état me touche, sa jeunesse me fait pitié ; je veillerai sur son cœur, je lui conserverai son innocence si précieuse ; j'éloignerai de son âme le moindre mal ; les autres Rois sont mes Ministres, sont mes images, celui-ci sera mon enfant ; je me sens pour lui un cœur et des entrailles de père : *Hic est filius dilectus*, c'est mon enfant chéri, mon fils bien-aimé, *filius meus dilectus, in quo mihi bene complacui ;* je me complairai en lui comme en mon ouvrage ; je mettrai mon plaisir à l'enrichir de mes grâces, à verser dans son âme toutes les vertus, à le combler de mes miséricordes, à le faire croître en piété à mesure qu'il croît en âge ; enfin, je ferai ma joie de sa sanctification jusqu'à ce qu'enfin réuni à moi dans le ciel, il jouisse éternellement de ma gloire. Je vous la souhaite.

SERMON

POUR

L'ANNONCIATION DE LA VIERGE

SUR L'HUMILITÉ

Quod nascetur ex te sanctum vocabitur filius Dei... Dixit ei Maria : Ecce ancilla Domini.

« Le fruit saint qui naîtra de nous sera appelé le fils de Dieu... Marie lui répondit : Voici la servante du Seigneur. »

(*Luc*, chap. 1.)

SIRE,

De toutes les vertus la plus nécessaire aux Rois et la plus rare est sans doute l'humilité : et ce qui leur rend cette vertu si difficile, c'est que dans ce haut degré d'élévation où la Providence les a fait naître, ils ne connaissent ni le modèle, ni le mérite de l'humilité. Or, le mystère de ce jour va leur offrir l'une et l'autre, et dans les objets les plus grands, les plus saints, les plus dignes d'eux, puisque dans les circonstances de notre Evangile, Dieu aime, ce semble, à vous exposer d'abord le modèle le plus parfait de l'humilité dans un Dieu qu'elle fait homme : *Quod nascetur ex te sanctum vocabitur filius Dei.* Ensuite le mérite le plus sublime de l'humilité dans une Vierge qu'elle rend mère de Dieu : *Ecce ancilla Domini.* Ainsi le modèle de l'humilité en Jésus-Christ, le mérite de l'humilité de Marie, voilà tout mon dessein.

Mon Dieu! que cette vertu placée dans un jour si beau

paroît aimable? qu'elle a pour un cœur de puissans attraits! Ouvrez-lui le vôtre, Prince auguste; peut-être dans ce point suprême de grandeur, où il n'y a rien qui vous égale, dédaigneriez-vous d'apprendre l'humilité d'un homme; mais comment refuseriez-vous de l'apprendre aujourd'hui d'un Dieu. D'un Dieu, tout grand que vous êtes, votre Souverain, votre Seigneur, votre Maître. D'un Dieu qui en prenant l'humilité sur lui l'a rendue si respectable, en a fait comme Roi et comme Dieu une vertu royale et divine. Non, depuis qu'un Roi s'est rendu humble, c'est par l'orgueil qu'un Roi se dégrade; il s'élève, il s'ennoblit par l'humilité; par elle il devient grand, puisque par elle il devient saint. Ah! donnez-vous, SIRE, donnez-vous encore cette sorte de grandeur; et déjà l'image de Dieu par votre puissance, aimez à l'être aussi par votre humilité. Nous vous demandons pour lui cette grâce, ô mon Dieu! et les lumières de votre Esprit, par l'intercession de Marie, etc.

PREMIER POINT.

SIRE,

S'il est de la perfection d'un modèle d'exprimer vivement tout ce qu'il offre à imiter, Grands du siècle, où l'humilité pour vous paraît-elle être mieux marquée que dans le mystère du Verbe fait chair? Examinez, dit un Père, ce qui le précède, ce qui l'accompagne, ce qui le suit, vous y verrez partout cet Homme-Dieu entre les bras de l'humiliation et dans tous les degrés de la bassesse.

Et d'abord, pourquoi ces figures si augustes, ces promesses si magnifiques, ces signes si éclatans, ces attentes si longues, ces préparatifs si pompeux, cette idée donnée de si loin au monde, d'un Messie tout brillant de gloire et de majesté, si ce n'est pour augmenter par cette opposition la simplicité de sa venue ? Pourquoi un Ange, de sa nature invisible, seul dépositaire de ce secret, va l'annoncer, non au palais des Grands du monde, mais à un Bourg méprisé des Juifs, sinon pour diminuer au moins par là l'éclat de ce grand prodige ? Pourquoi quelque temps auparavant fait-il taire les Prophètes et les oracles ? Fait-il cesser les prodiges et toutes les voies extraordinaires, sinon pour arriver, s'il se peut dire, dans le silence de l'univers, et pour venir quand rien n'avertissoit de sa venue ? Pourquoi choisir un temps où le crime plus débordé inondoit toute la face de la terre, où les Gentils étoient plus idolâtres et les Juifs plus superstitieux, si ce n'est pour se faire de ce monde impur et souillé un séjour plus humiliant et plus contraire ? Et encore ne choisit-il pas pour sa mère une Vierge d'une noblesse reconnue, mais dont la famille depuis David étoit tombée peu à peu, et comme par degrés, afin de se préparer une naissance basse et obscure, une Vierge à la vérité pleine de grâce, mais vuide de tout le reste, et dont l'unique bien, les seules richesses étoient ce que les Grands du monde n'estiment guère, l'onction divine du Saint-Esprit; enfin, ne veut-il pas avoir pour père un simple Artisan, qui n'avoit pour partage que beaucoup d'innocence et beaucoup de pauvreté.

Mais dans l'exécution même de ce Mystère, voyez comme il épuise sa puissance dans la recherche des moyens dont il pouvoit s'abaisser ; loin de prendre un corps glorieux, immortel, impassible, ne fait-il pas un miracle pour changer sa force en foiblesse, sa grandeur en infirmité, sa sagesse en enfance, son bonheur et son éternité dans un état de peine et de mort !

Ah ! Puissans du siècle, un Dieu sent, comme il doit, des

humiliations si profondes. Son âme est trop grande pour n'être pas touchée d'un abaissement si prodigieux; mais il regarde le cœur de son père qu'il fallait calmer, il considère vos cœurs superbes qu'il fallait guérir, et il adoucit par cette vue la honte d'un état si vil, au point de l'aimer, de s'y attacher et de s'y animer, en supportant les abaissemens d'une naissance pleine de misères, d'une vie toute d'abjections, et d'une mort qui sera pour lui le comble des humiliations et des opprobres. Que tout ceci, mes frères, mérite de réflexions! Voilà un Dieu, dit saint Bazile, qui le plus grand de tous est humilié plus que tous; mais se réduiroit-il à un état si abject, s'il ne vouloit nous y servir de modèle, et nous dire de lui-même ce qu'il a dit depuis d'un autre? Si vous ne devenez par l'humilité aussi petits que cet enfant, vous n'entrerez jamais dans ma gloire; non, Grands du monde, que personne ici ne se flatte à sa propre ruine, c'est un principe inébranlable de la Religion, que nul n'aura de part à l'Incarnation sainte de Jésus-Christ, et par conséquent les grâces des mystères se tenant l'une avec l'autre, il ne recueillera aucun des fruits qu'il vient répandre sur la terre, s'il ne l'imite en ses abaissemens.

L'imitons-nous, mes chers frères? Descendons une fois en nous-même, et voyons-nous dans ce cœur où nous n'entrons jamais, et où nous sommes véritablement; y portons-nous un seul trait des humiliations de ce Dieu enfant? Et quelque humbles que nous nous croyions, pouvons-nous, sans confusion, comparer ici les principaux caractères de l'humilité de Jésus-Christ avec les caractères de la nôtre?

Premièrement, en Jésus incarné humilité profonde : connoît-elle de ménagement, et en prenant aujourd'hui la forme de pécheur, ne va-t-il pas jusqu'au-dessous du néant même?

En nous l'humilité craint toujours de trop descendre;

nous appréhendons de nous dégrader, de prendre trop sur notre rang, sur nos dignités, sur les bienséances de notre condition, de notre naissance; nous assignons selon nos caprices à cette vertu ses temps marqués et ses lieux propres, et lorsqu'un Dieu embrasse aujourd'hui cette vertu sans restriction; nous, vils pécheurs, nous lui donnons en nous des bornes et des règles.

Secondement, en Jésus incarné humilité sincère : si en lui dans ce mystère tous les dehors sont simples et abjects, le fond de son cœur l'est plus encore.

En nous, au contraire, humilité fausse, trompeuse, hypocrite. Quand les dehors réformés semblent offrir la modestie, le cœur, qui les dément, demeure vain et superbe; nous conservons au fond de l'âme un désir secret de tout ce qui peut nous donner de la distinction, et un amour des louanges qui dégénère en faiblesse; lors même que nous n'avons dans la bouche que des paroles d'abjection et de bassesse, ce ne sont en secret que mouvemens inquiets qui tendent en nous à la gloire des dignités, du crédit, de la réputation, de l'estime; c'est une imposture éternelle de vanité qui ne s'humilie qu'afin qu'on l'élève, qui ne fuit qu'afin qu'on le cherche. Tandis que ceux qui ont moins d'éducation et moins d'usage du monde, rendent les épanchemens de leur orgueil plus naturels et plus sensibles, se louant fadement eux-mêmes: nous, plus adroits, allons à la gloire par des voies plus détournées, mais plus sûres; nous sommes vains avec plus d'artifice, plus de subtilité, plus de méthode; nous essayons de nous parer à la fois et de notre grandeur et de notre modestie; nous faisons de cette modestie à notre mérite et à nos talens, ce que l'art fait des ombres aux figures d'un tableau, un secours qui en relève l'éclat et les fait paraître davantage; nous nous ménageons toutes les douceurs de l'orgueil sans en prendre le décri et la honte ; nous cachons une recherche avide de la gloire en faisant semblant de la mépriser, et en cela, disent les saints, nous en avons une humilité plus orgueilleuse que l'orgueil même.

Troisièmement, en Jésus incarné humilité constante, soutenue : le mystère de ce jour ne va être pour lui qu'une longue suite d'humiliations toujours nouvelles.

Pour nous, nous n'avons qu'une humilité passagère, et démentie à la moindre épreuve. Je l'avoue, dans la ferveur de la prière, nous conviendrons humblement de nos misères, nous sentirons la profondeur de nos maux : mais il est étrange combien hors de là le moindre mépris nous trouve vifs ; la moindre injure, sensibles ; le moindre honneur, empressés ; la moindre louange, crédules ; que l'on convienne avec nous des défauts même que nous déplorions, tout l'homme en nous se révolte ; nous nous sentons à la fois et infiniment misérables et infiniment orgueilleux par un prodige qu'on ne peut comprendre, et nous sommes forcés d'ajouter à tant de misères qui nous humilioient, celle de nous y surprendre superbes.

Quatrièmement, en Jésus incarné humilité libre, volontaire, choisie : eh ! quel autre poids que celui de son amour le fait descendre aujourd'hui à tant de bassesse ! il s'est humilié lui-même, dit l'Apôtre, et il a aimé d'être abject.

L'humiliation en nous est toute forcée ; ce n'est pas nous qui nous humilions, c'est Dieu, ce sont les hommes, ce sont événemens et les conjonctures qui nous humilient. Nulle abjection de notre choix, de notre goût et de notre ordre : si nous nous tenons dans la bassesse, c'est que la faveur se refuse, c'est que les biens manquent, c'est que les appuis et les ressorts qui élèvent les autres hommes nous sont ôtés ; nous n'avons qu'une humilité, pour ainsi parler, humaine et naturelle, qui n'est qu'une impuissance de monter plus haut, une nécessité de nous tenir à notre place ; nous ne sommes pas humbles par la religion, mais par raison, et quand nous paraissons dans l'abaissement, c'est plus notre état qui est abject, que ce n'est notre cœur qui est humble.

Cinquièmement, en Jésus incarné humilité propre, singulière, personnelle : on n'avait pas vu encore ce genre d'humiliation ; un Dieu enfant, un Dieu anéanti, et plus cet abaissement est pour lui propre et personnel, plus il aime.

Nous (car je veux suivre l'homme jusques dans les replis les plus secrets de son cœur et confondre ici toute sa superbe), nous n'aimons que les humiliations vagues et communes ; qu'il s'agisse du genre humain en général, nous en dirons sans peine tout le mal possible : la corruption de notre nature, les ténèbres de notre esprit, la faiblesse de nos penchans ; tous ces motifs d'humiliation si communs avec le reste des hommes, nous trouvent éloquens ; nous descendrons aussi bas qu'on voudra, pourvu que ce soit avec tout le monde ; mais sur ce que nous avons de personnel et de propre, nous sommes délicats ; un défaut qui n'est que le nôtre, s'il nous est reproché, nous trouve vifs et sensibles ; qu'on nous rappele le faible de notre envie, l'indignité de nos attaches, la bisarrerie de notre humeur, certain vice qui nous caractérise, certaine passion qui nous distingue ; nous nous élevons avec chaleur, et toute humiliation qui nous est propre nous est insupportable.

Que dirai-je encore ? en Jésus incarné, humilité pleine, entière, sans dédommagement au-dehors et sans ressource. Nous, si devant Dieu nous nous humilions, nous tenons, pour ainsi dire, à nos abaissemens mille compensations toujours prêtes ; nous voulons encore briller par cet éclat étranger et emprunté qui nous environne. Trop humiliés par le sentiment de nos misères secrètes, nous sortons hors de nous, et essayons d'adoucir la triste conviction de nos maux en nous regardant dans nos biens, dans nos dignités, dans nos emplois, dans nos titres ; vous, Rois, dans vos Sujets, dans votre Souveraineté, dans votre Empire, dans tout ce qui est hors de vous et qui n'est pas vous-mêmes ; toute bisarre que nous paroisse la vaine opinion des hommes, nous ne pouvons souffrir d'en être effacés, et nous allons jusqu'à être touchés des louanges que notre cœur mieux instruit méconnaît au fond et désavoue. L'erreur même qui nous croit ce que nous ne sommes pas, flatte notre orgueil ; nous nous élevons de la méprise publique : charmés qu'on se trompe en notre faveur, et consolés, dit saint Augustin, d'être vicieux là où nous sommes, pourvu que nous soyons vertueux là où nous ne sommes pas : ce qui est un aveuglement digne de larmes.

Enfin, en Jésus incarné humilité produite dans ses vertus mêmes : en effet, dans ce grand mystère, ne dérobe-t-il pas au monde entier le prodige de sa charité et le bien inestimable qu'il vient faire aux hommes ?

Qu'en cela nous l'imitons peu, mes chers frères ! le souffle de l'orgueil enfle en nous jusques à la pitié même. On veut paroître dans le bien qu'on fait ; dans l'œuvre de Dieu on cherche la gloire du monde ; les édifices même que les Grands élèvent à la Religion ou à la charité, portent l'empreinte de leur orgueil et les marques de leur superbe. Les vertus obscures délaissées ; celles où nous sommes seuls notre propre spectateur, la simplicité, la modestie, la retraite sans attraits pour nous et sans charmes, sont plus pénibles à pratiquer. Nous avons de la peine à consentir de n'être Chrétiens qu'à nos propres yeux dans les sacrifices que nous faisons à Dieu, comme si ses regards divins ne suffisoient pas, et qu'auprès de ce témoin et de ce Juge immortel on dût compter les hommes pour quelque chose. Nous les appelons, pour ainsi dire, à notre secours ; il faut que la réputation et l'éclat viennent soutenir notre foiblesse ; il faut que notre âme se repose sur le bien qu'on dira de nous ; cette approbation et cette estime publique, qui ne devroit être au plus que la récompense de notre piété, en est seule le motif et la source. Quoiqu'en nous le bien dépérisse dès qu'il y est vu, et qu'on ne puisse guère le reconnaître en soi sans le perdre, nous le regardons en nous avec complaisance, nous le montrons aux autres avec joie ; nous aimons mieux l'anéantir devant Dieu, que de le diminuer devant les hommes ; peu attentifs à ce que nous sommes, beaucoup à ce qu'on nous croit, et consentant à être moins hommes de bien pour le paroître davantage. En un mot, et au-dedans et au-dehors nous ne sommes que superbes, et si l'humilité se manifeste en Jésus-Christ par tous les endroits, l'orgueil prend chaque jour en nous des faces presqu'infinies.

Mais, répondez-moi, Puissans du siècle, qui peut encore vous autoriser dans cet amour aveugle de la gloire ? doutez-vous qu'il ne soit mauvais, niez-vous que l'humilité ne soit salutaire ? Résistez-donc, si vous le pouvez, à toute la force de ce raisonnement.

L'idée principale qu'Isaïe parlant à un Roi de la terre lui donne du Verbe fait chair, est celle d'un Dieu qui en prenant notre nature réprouve le mal et choisit le bien. (Et plût à Dieu qu'on pût le dire aussi de vous, Prince auguste : cet enfant chéri du ciel au milieu de son peuple saura réprouver le mal et choisir le bien : *Puer iste sciet reprobare malum et eligere bonum !*) Or, je vous le demande, que réprouve-t-il dans ce mystère ! n'est-ce pas les honneurs, puisqu'il n'en peut souffrir sur lui la moindre trace ? Donc ils sont un mal et un grand mal, il les faut éviter, il les faut craindre. Que choisit-il ? n'est-ce pas l'humilité ? puisqu'il la prend toute sur lui ; donc elle est un bien et un grand bien ; il la faut aimer, il y faut vivre. Qu'opposer à l'autorité d'un Dieu contre vous ? à son jugement ? à son exemple ? Ce qu'estime le monde ? il est dans l'erreur ; ce que demandent les sens ? ils sont déréglés ; ce que vous inspirent les flatteurs ? ils sont suspects ; ce que voudrait l'amour-propre ? mais l'amour-propre n'est-il pas le plus mortel ennemi des Grands ? Non, que tout désolé il demande grace ; depuis qu'un Dieu s'est rendu visible, tout est décidé par son choix ; il s'y faut plier ; il s'y faut rendre.

Rendez-vous-y, Sire, je vous en conjure par les abaissements sacrés de Jésus-Christ, qui lui-même, comme il le peut, vous le demande du sein de Marie ; il ne reste à un Roi Chrétien qu'un seul moyen de s'élever, c'est de savoir descendre du comble de la grandeur et de devenir humble. Et après tout dans les Rois seuls, ce semble, l'humilité honore Dieu, parce qu'en eux seuls elle lui offre de grands hommages ; elle lui soumet de grands adorateurs, elle lui fait de grands sacrifices. L'humilité dans les petits est plutôt une bienséance qu'une vertu : en eux le néant de la misère appele celui des sentimens ; quand rien ne nous élève ; il en coûte peu d'être abject, et l'humilité commencée, pour ainsi dire, par la nature, est aisément continuée par la religion ; mais être humble au plus haut degré des choses humaines, être humble sur le trône, c'est l'être avec plus de mérite et plus de valeur, c'est l'être d'une humilité d'autant plus agréable à Dieu, qu'on imite alors Jésus-Christ son fils, qui allie aujourd'hui la plus sublime grandeur avec l'humilité la plus profonde. Laissez-vous gagner, Sire, par une ressemblance si belle et si chère. Abaissez sans cesse votre majesté royale sous l'humilité chrétienne, et de la bouche de votre cœur écriez-vous, comme cette âme si élevée et si grande : O le Dieu d'Israël et le Christ que Sion désire, vous voilà donc semblable a nous, nos péchés vous ont rendu comme le soufle de notre bouche : *Spiritus oris nostri Christus Dominus, in umbra tua vivemus.* Nous adorons vos saints abaissemens, ils ont pour nous une onction de grâce qui gagne nos cœurs ; souffrez, Seigneur, que tout Souverain que je suis, je me joigne ici à vous ; devant un Dieu créateur, un Roi n'est qu'un homme ; devant un Dieu Rédempteur, un Roi n'est qu'un esclave ; devant un Dieu juge, un Roi n'est qu'un criminel ; devant un Dieu enfant, un Roi ne doit être qu'abjection et que bassesse. O divin enfant, que vous êtes aujourd'hui un remède heureux à l'orgueil des Rois ! Que vous nous attirez puissamment par des humiliations si extrêmes ! Je veux vivre à votre ombre ; je veux entrer dans votre néant ; je veux me cacher dans vos bienheureuses obcurités ; je veux partager toutes vos bassesses saintes : *In umbra tua vivemus.*

Vous avez vu le modèle de l'humilité en Jésus-Christ, voyons-en le mérite en Marie.

Second Point

Et certes, sans m'arrêter ici à tous les endroits de notre Evangile par où se releve en Marie le mérite de l'humilité, vous-mêmes avez pu y remarquer ces deux sublimes avantages : premièrement elle attire dans son cœur la plénitude de la grace ; en second lieu elle lui fait concevoir un Dieu.

Quelle vertu offre ici-bas un mérite plus éclatant et de plus douces récompenses !

Oui, après que l'Ange l'a saluée et qu'il l'a trouvée pleine d'humilité, il l'appelle pleine de grace, *gratiâ plena ;* comme s'il lui eût dit : Plus vous êtes vuide de vous-même et plus la grace vous remplit. Ces abîmes heureux qu'elle a faits en vous, ne servent qu'à vous la faire recevoir avec plus de surabondance : anéantie par son action vous êtes toute changée en elle ; tout en vous est grace. Ce don céleste occupe toutes vos puissances, toutes vos pensées, tous vos desirs, tous vos sentiments, toutes vos actions, tout votre esprit, tout votre cœur, toute votre personne, tout vous-même, *Gratiâ plena.* L'humilité vous donne toutes les graces ; la grace de la foi, qui n'est qu'une raison soumise ; la grace de la mortification, qui n'est qu'une chair assujetie ; la grace de l'obéissance, qui n'est qu'une volonté souple ; la grace de la charité, qui n'est qu'un cœur abaissé et dépris de lui-même pour s'unir à Dieu ; la grace de la patience, qui n'est qu'une ame résignée et docile ; enfin, la plénitude de l'humilité vous donne celle de la grace, et vous réunissez tous les dons de Dieu dans le centre de votre bassesse : *Gratiâ plena.*

Eh ! comment le seriez-vous pleins de grace, vous, Grands du monde, à qui cette vertu, seule capable de la donner, est si odieuse et si insupportable ! Hélas ! montrez-vous ici vous-mêmes, vous trouverez au contraire que si l'humilité fait en Marie toutes impressions du bien, l'orgueil renferme en vous tous les principes du désordre.

C'est l'orgueil qui vous fait secouer le joug bienheureux de la foi, et qui vous rendant curieux, vous rend incrédules, et par-là il devient en vous irréligion ; c'est l'orgueil, qui vous cachant vos désordres, vous fait croire que vous ne méritez pas les afflictions si justes que Dieu vous envoie, vous révolte chaque jour contre sa main vengeresse, et par-là il devient en vous murmure, impatience, impiété, blasphême. C'est l'orgueil qui vous éloigne tant des yeux de Dieu, qui vous inspire tant d'aversion pour la retraite où on le goûte ; soit à cause que dans la retraite l'orgueil des Grands ne sauroit trouver la nourriture qu'il demande, honneurs, respects, hommages ; soit parce que la solitude vous met dans la nécessité de vous voir et de vous humilier par le spectacle trop présent de vos misères, et par-là il devient en vous oubli de Dieu, dissipation, amour du monde. C'est l'orgueil qui peut-être pour vous avancer dans les dignités de l'Eglise, emploie la faveur, les sollicitations, l'intrigue ; vous fait acheter le sanctuaire de Dieu comme un héritage profane, et par-là il devient en vous, simonie, profanation, sacrilège. C'est l'orgueil qui vous remplit d'une fausse idée de vous-mêmes, et dès que les autres n'entrent pas dans votre erreur, ne parlent pas, n'agissent pas conformément à l'opinion outrée que vous avez de votre mérite, vous éleve contre eux et vous transporte, vous rend insupportable le moindre affront, et par-là il devient en vous haine, colère, vengeance. C'est l'orgueil, qui en vous insatiable de gloire, est affligé de celle de vos frères, regarde ce qu'on leur donne de louanges comme s'il vous était ôté, et fait de leur bonheur votre supplice, et par-là il devient en vous envie, jalousie. C'est l'orgueil, qui par mille artifices coupables, s'efforce de relever en vous une vaine beauté, et par-là il devient en vous immodestie, mondanité, scandale. C'est l'orgueil, qui pour détrompter le monde en notre faveur de l'idée avantageuse qu'on a des autres et pour supplanter vos concurrens, vous fait répandre des bruits qui les noircissent, qui les déchirent, et par-là il devient en vous médisance, détraction, calomnie. C'est l'orgueil qui vous fait condamner vos frères avec précipitation , sans fondement, sans preuve, sans raison, sans vraisemblance. et par-là il devient en vous jugement faux et téméraire. C'est l'orgueil (car il est surprenant en combien de péchés ce péché seul se diversifie, et plaise à Dieu, Prince auguste, plaise à Dieu d'éloigner de vous un vice si fécond, un monstre si funeste aux Rois et à leurs Peuples !) c'est l'orgueil, mes frères, qui avec les Grands vous fait pour leur complaire déguiser la vérité, avilir votre caractère, vous rend ministres de leurs voluptés, complices de leurs désordres, épouser leurs passions, et plutôt que de manquer d'appui, vous prostitue à leurs crimes, et par-là il devient en vous bassesse, lâcheté, adulation, flatterie. C'est l'orgueil qui d'une autre part ne pouvant s'accommoder de la dépendance, vous donne ces répugnances si invincibles pour obéir à vos maîtres, vous fait censurer leurs ordres, condamner leurs choix, et par là il devient en vous indocilité, désobéissance, révolte. C'est l'orgueil encore qui vous déplace, vous éleve à des postes disproportionnés à votre capacité, au-dessus de vos talents et de vos lumières, et par-là il devient en vous présomption et nécessairement injustice. C'est l'orgueil qui pour fournir à vos ambitieux projets et à vos dépenses énormes, vous recueille tout en vous sans être secourables aux pauvres, vous fait regarder comme légitimes toutes les voies de vous enrichir, et par-là il devient en vous usurpation, inhumanité, rapine. C'est l'orgueil, Rois de la terre, qui vous rend ambitieux sans bornes et sans regles, vous fait allumer par-tout des guerres sanglantes, et pour remplir l'univers de vos noms, remplit vos Etats de miseres, et par-là il devient en vous cruauté, oppression, tyrannie. C'est l'orgueil, Grands du monde, qui vous plaçant, ce semble, dans une région superieure, vous fait regarder au-dessous le reste des hommes comme des victimes malheureuses qui ne sont nées que pour être immolées à vos passions, et fait qu'ici-bas vous ne voyez, vous n'aimez, vous n'adorez que vous-mêmes, et par-là il devient en vous fierté, hauteur, dureté, idolâtrie. Que dirai-je, mes frères ? C'est l'orgueil aussi qui pour surprendre la vaine estime des hommes contrefait en vous l'homme de bien, emprunte les apparences de la vertu quand votre cœur est plein de vices, et par-là il devient en vous dissimulation, hypocrisie, imposture. C'est l'orgueil qui par les plus monstrueuses absurdités justifie à vos yeux les plus grands crimes, ne vous laisse jamais croire que vous soyez mal,vous empêche de confesser au saint Ministre vos maux secrets et d'implorer humblement sur vous la miséricorde divine, et par-là il devient en vous aveuglement, insensibilité, endurcissement, impénitence. Enfin, tous ces crimes ne sont que les divers degrés de l'orgueil élevés les uns sur les autres ; il vous rend faux, durs, cruels, inhumains, barbares, sans mœurs, sans foi, sans probité, sans religion, sans Dieu, sans conscience ; il est, dit le Sage, le mal universel, l'iniquité toute entiere ; et en un mot, si l'humilité donne à Marie la plénitude de la grace, l'orgueil donne à notre ame la plénitude du péché : *Omne peccatum superbia.*

Mais voici où le mérite de l'humilité se relève le plus en Marie : *Ecce concipies.* Après que l'Ange lui a prédit qu'elle sera la mère d'un Dieu, elle s'abaisse sous le poids d'une dignité si immense ; son humilité lui dérobant toute sa grandeur, toute sa vertu, la fait rougir d'un si sublime ministère ; elle compare le profond abîme de sa misère avec l'abîme de la grandeur de Dieu, et elle se confond ; elle a honte de se voir dans un rang si proche de lui : quelque temps elle demeure en silence, et ce n'est enfin que son humble obéissance qui presse son consentement, et lui fait prononcer en tremblant cette parole d'abjection et de bassesse : *Ecce ancilla Domini*, voici donc la servante du Seigneur.

Parole pleine de Dieu, et qui a la force de le faire descendre en elle : parole d'où sort une dignité qui élève Marie à l'alliance ineffable avec Dieu, et la confessant l'humble servante du Seigneur, lui fait mériter d'être sa mère : *Ecce ancilla Domini.* Et quelle instruction veut nous donner l'Esprit-Saint par ces dernières circonstances ? C'est, mes frères, que nous ne concentrons ce Dieu de salut au fond de notre cœur que dans l'abaissement et la profonde humiliation de notre ame : *In humilitate animæ vestræ parietis salutem.* Ah ! vous l'éprouvez trop, Grands du monde, que jusqu'ici loin de concevoir ce Dieu de salut, vous n'avez conçu, comme ajoute Isaïe, que le souffle de l'orgueil et le vent de la gloire humaine : *Concepimus spiritum et non salutem.* Vous avez mieux aimé que l'esprit superbe, que le Démon de l'ambition et de la vanité se produisit en vous, que ce Dieu de salut et de miséricorde ; aussi tandis que les ames humbles, pour n'avoir pris aucune part à la gloire du monde, en auront une si grande à celle du ciel, il ne vous restera pour l'autre vie que la honte de votre présomption, et vous aurez à vous reprocher éternellement que vous n'aurez embrassé qu'un souffle vain, et des honneurs qui ne sont qu'une vapeur et une ombre ; *Concepimus spiritum et non salutem.*

Mon Dieu ! que ce partage a de malheurs ! Pourrions-nous encore le prendre ! Ah ! que jamais ce ne soit le vôtre, Sire, mais à l'exemple de David, humilié ici devant Dieu, pour l'imiter à descendre en vous et à venir dans votre ame, écriez-vous : *Ante Dominum qui elegit me, vilior fiam et ero humilis.* Malgré l'éclat de ma grandeur et de la majesté royale, je m'abaisserai profondément et je serai humble devant le Seigneur, qui m'a choisi dès l'âge le plus tendre, et m'a fait Roi par préférence même à ce que j'avais de plus cher : *Ante Dominum qui elegit me, vilior fiam;* plus que nul autre l'enfant de sa grace, l'ouvrage de son amour, l'objet de sa miséricorde, je serai plus que nul autre le disciple de son humilité ; plus je lui dois, plus je m'abaisserai ; pourrais-je jamais assez descendre ? *Vilior fiam.* Oui, devant ce Dieu de gloire, devant ce suprême dominateur de l'univers, aux yeux de qui tous les Rois ensemble ne sont qu'un atôme ; je m'humilierai, je m'anéantirai ; hélas ! aujourd'hui pour moi il s'est bien humilié, il s'est bien anéanti lui-même ; j'essayerai de le consoler de ses abaissemens par les miens ; les hommages que mes peuples me rendent, je viendrai les lui rendre ici ; après avoir paru sur le trône en Souverain, je paraîttrai à ses pieds en suppliant. Que n'ai-je à lui sacrifier plus de gloire encore ? *Vilior fiam.* Devant lui j'oublierai que je suis Roi, pour penser seulement que je suis homme, que je suis faible, que je suis mortel, que je suis pécheur, que je suis un orphelin dont il veut bien être le père ; je me ferai de tout cela comme autant de degrés pour m'abaisser et pour descendre : *Et ero humilis, et gloriosior apparebo ;* et par-là même, que de sortes de gloire je m'attirerai ? La gloire de rendre à mon Dieu ce qui lui est dû ; la gloire de savoir déjà me mettre à ma place ; la gloire de sentir devant lui toute ma misere ; la gloire d'offrir à mon peuple, dès ma jeunesse, l'exemple de la plus difficile des vertus ; la gloire de faire aujourd'hui ce que fait un Dieu ; la gloire de me mettre par l'humilité au-dessus de la gloire même : *Ero humilis et gloriosior apparebo.* Si j'ose me glorifier de quelque chose, c'est que j'ai, comme Roi, plus de gloire, plus d'honneur, plus de faste à mépriser ; c'est qu'étant plus élevé, je puis m'abaisser davantage ; c'est qu'étant ici le plus grand, je puis y être le plus humble : *Gloriosior apparebo ;* c'est qu'enfin si, selon votre parole, ô mon Dieu ! celui qui se sera le plus abaissé sera le plus exalté, m'étant plus humilié sur la terre, je serai plus glorifié dans le ciel : *Gloriosior apparebo.*

C'est la grace que je vous souhaite.

SERMON

POUR

LE QUATRIÈME DIMANCHE DE CARÊME

SUR LA BONTÉ DES ROIS

Accepit Jesus panes et distribuit discumbentibus.

« Jésus prit les pains et les distribua à ceux qui étaient assis. »

(*S. Jean*, chap. 6.)

SIRE,

C'EST ici la fonction dans laquelle j'aime davantage à vous offrir Jésus-Christ lorsqu'il fait du bien aux hommes. C'est ici la vertu dont lui-même se plaît le plus à vous montrer l'exemple, la bonté. Que cette vertu a de grandeur dans les Rois ! qu'elle y a de charmes ! C'est par elle qu'ils portent plus sensiblement l'image de Dieu, qu'ils approchent le plus près de lui, qu'ils sont sur la terre, à l'égard des hommes, sa plus noble fonction, et elle leur donne avec ce Père commun le plus beau trait de ressemblance. C'est par elle que les Rois regnent véritablement, puisqu'elle leur donne l'empire des cœurs, le plus beau, le plus doux et le plus sûr des empires. De toutes les vertus la bonté sans doute est celle dont les Souverains tirent de plus grands avantages ; elle donne à leur couronne son plus bel éclat, et elle fait le plus ferme appui de leur trône ; elle sanctifie leur grandeur, elle assure leur puissance, elle forme ces nœuds si chers et si aimables qui lient les Peuples aux Rois et les Rois aux peuples ; par elle ils sont aimés dans la paix, ils sont redoutés même dans la guerre, puisqu'elle leur acquiert l'amour des Peuples qui est la plus grande force d'un Etat, et qu'un Roi aimé est un roi invincible. Enfin la bonté seule fait d'un Prince un Héros, un Chrétien, un enfant de Dieu, un disciple de Jésus-Christ et elle le rend au milieu de ses Sujets, tel que le Sauveur est aujourd'hui au milieu de cette multitude, leur ressource, leur salut, leur consolateur, leur père.

Consacrons donc ce discours à une vertu si glorieuse aux Rois, si nécessaire aux Peuples et, suivant l'une après l'autre les circonstances de notre Evangile, montrons, et dans le plus saint, et le plus sublime des modèles, d'abord quels doivent être les caracteres de la bonté des Rois, ensuite quels en sont les avantages.

Je l'avoue, je n'ouvre jamais la bouche avec un désir plus ardent de persuader. Que Dieu qui est charité anime chaque parole de ce discours ! Qu'elles se gravent profondément dans l'ame du Prince qui m'écoute ! et qu'un Roi pour qui Dieu a été si bon apprenne de lui à être bon à ses Peuples ! Demandons les lumières du Saint-Esprit, etc.

Premier Point.

SIRE,

Nul de nous ne vit pour soi-même, dit saint Paul, mais pour les autres ; que cet oracle convient aux Rois ! Car un Roi, dans les desseins de Dieu, n'est pas à lui, mais aux Peuples à qui Dieu l'a donné ; c'est un personnage public né pour le bien de ses sujets ; il se doit tout entier à eux, et son temps et ses soins, et sa vie même. La royauté est dans ses mains un dépôt sacré dont il leur est comptable. Oui, qui dit Roi, dit plus qu'on ne pense ; c'est une vaste expression qui renferme des sens et des devoirs immenses ; car être Roi n'est pas seulement porter la couronne, avoir des sujets, vivre dans la pompe et le faste, prévaloir par son autorité sur une multitude d'hommes ; c'est les secourir, c'est les aimer, c'est les rendre bons et heureux. Voilà les vues de Dieu en vous élevant sur nos têtes. De là il résulte que la bonté est la plus grande vertu des Rois, et qu'en les disant les pères du peuple, c'est moins leur donner une louange, que leur marquer leur devoir. Il y a, Sire, entre vous et vos sujets, des engagemens mutuels et des obligations réciproques. Nous vous devons nos respects, notre fidélité, même notre vie ; vous nous devez la bonté. Malheur à nous si nous manquons à nos engagemens, vous auriez droit de nous punir ; mais si vous manquez au vôtre, une majesté plus haute, plus redoutable que la vôtre, vous jugera, et contre ses jugemens la puissance des plus grands Rois est la foiblesse même.

Mais quels caractères surtout doit avoir la bonté des Rois ? L'Esprit-Saint, par la bouche même d'un Roi, daigne nous l'apprendre. Il faut qu'elle soit une bonté affable, une bonté compatissante, une bonté secourable ; affable dans les manières, compatissante dans les sentimens, secourable dans les actions. Eh ! que dans le miracle que Jésus-Christ fait aujourd'hui en faveur de ces peuples malheureux, ces trois caractères de la bonté sont sensibles ! Avec quelle affabilité il s'approche d'eux ! Avec quelle sensibilité il voit leur misère ! Avec quelle libéralité il les nourrit et les soulage ! Mon Dieu ! que la bonté des Rois, si elle avoit ces traits aimables, leur gagneroit des cœurs ! Car à quoi, Grands du monde, devez-vous aspirer davantage qu'à vous gagner les cœurs ? Dans cette abondance infinie de toutes choses où vous met la grandeur, c'est l'unique bien qui vous manque.

Bonté affable : Jésus-Christ venoit de remplir la Judée du bruit de ses miracles, et tout grand, tout Dieu qu'il est, il s'abaisse jusqu'à ce peuple ; il les écoute, il leur parle, il les fait asseoir ; il cache le miracle pour ne laisser voir que bienfait, et il les oblige autant par la manière de leur donner, que par le don lui-même.

Et voilà, Puissans du siècle, ce que vous devez être à l'égard de vos Peuples : *Affabilem te facito*, vous crie le Sage. Au lieu de ressembler à ces Princes fiers et farouches, qui renfermés dans leur grandeur comme dans un fort inaccessible, n'en sortent jamais, mettent entre eux et leurs Peuples de cruelles séparations, ne vous offrent qu'une grandeur toujours menaçante, toujours armée, ne paroissent, ce semble, que pour jetter dans les esprits l'épouvante et le trouble ; et en un mot ne sont Rois que par la crainte, sans jamais l'être par l'amour : vous, à l'exemple de Jésus-Christ, rendez-vous affable, doux, d'un accès libre et facile : *Affabilem te facito*. N'oubliez jamais que vous êtes homme, et que vous régnez sur des hommes. Par l'affabilité, vertu si rare dans les Princes, élevez-nous jusqu'à vous, abaissez-vous jusqu'à nous. Ne sortez jamais de la bienséance, mais sortez quelquefois de la grandeur, vous dépouillant du spectacle trop éblouissant de la royauté et de l'autorité suprême. Quittez le théâtre et le personnage pour vous montrer humain et populaire.

Ces hommes sages à qui Salomon avait confié l'éducation de Roboam son fils, ne cessoient de lui donner cet avis si salutaire : *Dic verba lenia*, parlez avec douceur à ce peuple qui vous aime : il ne le fit pas, il mérita par sa dureté d'être appelé la folie de sa nation et la honte de son siècle. Vous, loin d'imiter un si triste exemple, montrez-vous accessible, prévenant, affable ; une parole douce, dit le Sage, vaut mieux qu'un présent, et des refus même souvent elle fait des graces. Dédaignant la fierté qui n'ajoute rien à la grandeur, et qui ôte beaucoup aux Grands, mettez à sa place la douceur, l'humanité, la politesse. Portez vos soins à plaire, comme il convient dans l'éminence de votre rang et à la dignité de votre place, n'allez pas dire : Je crains de me commettre par ma bonté. Non, Sire, avec un Peuple comme le vôtre, vous ne perdrez rien à être bon ; il y a dans les cœurs des François un assez grand fonds de vénération pour leur Maître, pour subsister au milieu des marques les plus sensibles de vos bontés. Soyez affable, votre Peuple ne vous en respectera pas moins, et vous y gagnerez, s'il se pouvoit, d'en être aimé davantage.

Mais dès que la bonté est affable, et qu'elle daigne voir la misère extrême des Peuples, il est bien naturel qu'elle devienne compatissante. Aussi à peine dans notre Evangile, Jésus-Christ s'approchant de cette multitude, a vu l'excès de ses besoins, qu'il sent son cœur s'attendrir, et il s'écrie : Ah ! j'ai compassion de tout ce peuple ! *Misereor super turbam !*

Et voilà ce que doit être un Grand à l'égard de ses vassaux, un Roi envers son Peuple. Il faut que ces sentimens tendres de Jésus-Christ passent dans son cœur, s'impriment profondément dans son ame. Représentez-vous un bon père au milieu de sa famille, il n'est occupé que des besoins de ses enfans ; il les porte tous dans son cœur : il vit moins pour lui que pour eux. A leur vue quand ils souffrent, ses entrailles s'émeuvent ; il s'attendrit sur l'un, il s'afflige sur l'autre, il est père pour tous ; il ne sauroit avoir de joie qu'il n'ait vu finir leur misère, et le moment où il espère de les rendre heureux sera le plus doux moment de sa vie.

C'est l'image naïve de ce qu'un Roi doit être au milieu de

ses Sujets. *Les Rois sont faits sur le modèle des pères*. Il doit s'attendrir sur eux, compatir à leurs maux, ressentir vivement leurs peines ; il doit se rendre triste et malheureux en leur personne, et s'écrier avec Jésus-Christ dans les sentiments de la charité la plus tendre : *Misereor super turbam !* Ah ! ce peuple que j'aime, comme un bon père aime ses enfants, devient à mes yeux un spectacle de pitié, un objet de douleur et de larmes ! *Misereor super turbam !*

Il doit plus faire : Jésus-Christ attendri sur ces peuples, choisit pour les secourir les Apôtres les plus compatissans, André et Philippe, qui lui exposent avec amour les besoins de cette multitude et l'aident dans la manière de la soulager ; et voilà ce qu'un Roi doit faire, s'il est sensible aux maux de ses Sujets : il doit choisir pour ministres des hommes doux, compatissans, charitables, qui ayent au moins des principes d'humanité et de justice ; qui, touchés des misères des peuples, les leur mettent sous les yeux ; des hommes qui se servent de l'accès que leur bonté leur donne pour leur présenter les vœux des pauvres et les prières des malheureux, comme sont dans l'Ecriture, ces Anges de paix, qui portent au trône de Dieu les larmes et les supplications des misérables, et en rapportent de douces bénédictions et une abondance de grâces ; des hommes enfin qui osent vous dire, comme aujourd'hui Philippe, si jamais il venoit (ce que Dieu éloigne) des temps de calamités et de disette : Maître, les pauvres en grand nombre n'ont pas de pain : *Non habent quid manducent.* S'ils ne sont soulagés, ils périront de misère, *deficient.*

Car, est-ce assez que la bonté des Rois soit compatissante ? On voit assez, dans le monde, de ces cœurs tendres que la misère des pauvres touche : mais leur compassion fausse et stérile ne les soulage point. Les Grands, pour la plupart, sont sur nos têtes comme ces nuées plus hautes et plus brillantes, mais qu'une pluie salutaire ne suit jamais, et qui belles seulement pour le spectacle, ne font à la terre aucun bien : *Nubes sine aquâ*. La bonté pour plaire à Dieu doit être secourable et se produire par des effets. Si vous êtes notre pasteur, disoient à leur nouveau Roi les Israëlites, paissez votre troupeau : *Pasce populum tuum.*

Et voici l'endroit de notre Evangile où Jésus-Christ offre au monde le spectacle le plus touchant. *Levant les yeux au ciel,* car la bonté des Rois doit être une vertu non humaine, non politique, mais chrétienne, mais divine, et qui ait son principe dans le ciel, *et ayant rendu grâce,* car les Rois doivent reconnaître que tout le bien qu'ils ont, et tout le bien qu'ils font, vient de Dieu ; *il distribua à ceux qui étaient assis* les pains multipliés miraculeusement dans sa main divine. Mon Dieu ! que c'est là une bonté féconde et agissante et que doit faire un Roi pour imiter cette charité si aimable ? Il doit faire à ses Sujets tout le bien dont il est capable. Car si le souverain bonheur est de pouvoir faire tout le bien qu'on veut, la vertu suprême est de vouloir faire tout le bien qu'on peut. Il doit, regardant la royauté dans les intentions de Dieu même, soulager ses Sujets, adoucir leurs peines, et songer moins à conquérir de nouveaux Peuples, qu'à rendre heureux celui qu'il a ; il doit, comme il le promet à son Sacre, par un serment solennel, n'employer sa puissance et sa vie qu'au bonheur de son Etat, et si nous vous y jurons fidélité, vous nous y jurez miséricorde.

Et voilà uniquement, Grands du monde, par où vous devez souffrir patiemment, et aimer même votre état, que d'ailleurs vous ne sauriez trop craindre, par l'occasion si favorable qu'il vous offre de faire du bien. Voilà par où notre condition doit vous devenir précieuse et respectable, par l'usage de la bonté. Non, si vous avez au-dessus de nous un privilège qu'on puisse envier, une distinction qui flatte, ce n'est pas d'être élevé au faîte de la grandeur et de la gloire ; c'est d'être en état de faire des heureux, d'essuyer des larmes, de remettre la joie et le calme en des cœur affligés ; c'est de devenir, après Jésus-Christ, comme les seconds rédempteurs de l'homme, le rachetant de la misère, comme il l'a racheté du péché ; c'est de pouvoir vous livrer à votre gré à ce doux penchant, à ce charme secret d'un cœur né bienfaisant et charitable ; c'est de vous voir environnés d'une foule de malheureux qui à l'envi vous bénissent, vous reconnaissent pour leur sauveur, pour leur libérateur, pour leur père. C'est plus encore, de pouvoir attirer sur vous la compassion de Dieu par celle que vous aurez pour vos Peuples. Car l'Esprit-Saint l'assure : Dieu qui aime les hommes qu'il a faits, par un retour de sa miséricorde, rend aux Rois les biens qu'ils font à leurs Sujets ; plus le Prince nous comble de biens, et plus Dieu le comble de grâces. La mesure de votre amour pour vous est celle de ses miséricordes : c'est un accord ainsi fait. Et Néhémias le savait bien, lorsqu'après avoir exposé le bien qu'il a fait au peuple, comme s'il l'avoit mit en dépôt dans le sein de Dieu, il s'écrie par un transport subit : Rendez-le-moi, Seigneur, et faites à votre serviteur ce que j'ai fait à ce peuple : *Sicut feci populo huic.*

Or, dès que les Grands du monde se pénètrent d'un principe si beau, si consolant, si favorable, et qu'ils se disent à eux-mêmes : que Dieu a donc mis ses grâce à ce prix qu'ils aimeront leurs peuples : peuvent-ils assez les aimer, assez les soulager, assez les défendre ? S'ils sont touchés des intérêts de leur salut, peuvent-ils ne pas saisir avec joie ce moyen si aimable d'attirer sur eux les secours du ciel, si nécessaires dans les périls de leur état ? Peuvent-ils se voir par la bonté arbitres de tous les dons de Dieu, sans en avoir une infinie pour leur peuple? Attirés par un commerce si doux, peuvent-ils assez y mettre ? Ne doivent-ils pas rapporter à la seule bonté toute leur grandeur, toute leur puissance, puisqu'à la bonté seule semble être attachée leur sanctification ? Et qui veut devenir un Roi Très-Chrétien ne doit-il pas se rendre un très bon Prince ?

Ah ! Sire, Dieu met-il donc ses grâces à un prix qui doive tant vous coûter ? Il les attache à votre amour pour nous, et vous n'avez, pour vous rendre éternellement heureux, qu'à nous rendre heureux nous-mêmes.

Second Point

Vous avez vu les caractères de la bonté des Rois ; voyons-en les avantages. Je sais qu'un bon cœur est déjà assez payé du bien qu'il fait par le plaisir qu'il trouve à le faire, et plus encore par les récompenses immortelles que lui prépare le ciel. Mais ce Dieu de toute bonté, et qui aime cette vertu, a voulu, pour la rendre plus chère aux Rois, y ajouter même ici bas d'autres avantages ; et quels sont-ils ces avantages ? Saint Ambroise nous les a marqués ; rien, dit ce Père, n'est si utile aux Princes que la bonté. Elle vous fait respecter, elle vous fait aimer ! *Honorari facit et diligi.* Deux idées bien chères à notre cœur, mais nécessaires aux Rois dans l'éminence de leur place. Et n'est-ce pas ce double avantage que pour nous servir d'attrait Jésus-Christ même en ce jour fait voir en lui après son miracle ? Ces peuples, dit l'Evangile, touchés d'une bonté si tendre, si paternelle, qui avec cinq pains avoit rassasié cinq mille hommes, tantôt frappés d'admiration, l'honorent du nom de Prophète : *Hic est vere Propheta ;* tantôt épris d'amour pour lui, veulent l'enlever pour le faire Roi : *ut facerent Regem*. Mon Dieu, que la bonté a donc de force dans les cœurs! qu'elle y a de charmes!

Oui, la royauté, déjà si vénérable par elle-même, l'est bien davantage quand elle a pour compagne la bonté. C'est la bonté seule qui fait la véritable gloire des Rois, qui immortalise leur nom, et les rend respectables au monde; parce que la bonté seule assure leur vertu, y empêche qu'elle ne dégénère. Et en effet, si la bonté n'en régloit l'usage, leur vaillance ne seroit qu'une fureur, leur justice qu'une cruauté, leur puissance qu'une oppression, leur courage qu'un emportement, toute leur grandeur qu'une tyrannie. Sans la bonté, tout en eux tournerait à leur désavantage : loin d'être, comme ils le doivent, le bonheur du monde, ils en seraient la plaie ; ils ne seroient plus Grands que pour faire de plus grands maux, et pour s'attirer une plus grande honte. Il ne resteroit d'eux-mêmes que leur décri.

Non, mes frères, Dieu dans le ciel, et les hommes dans leurs histoires, ne comptent aux maîtres du monde que les jours marqués par quelques bienfaits: ils ne transmettent à la postérité que les actions de clémence. Les Rois qui n'ont voulu que se faire craindre meurent tout entiers, et leur gloire s'évanouit comme un songe. Ils ressemblent au tonnerre, qui sur la tête des hommes donne quelque effroi, mais dans un instant se dissipe, et ne laisse après lui que l'infection. Mais la mémoire des Rois miséricordieux triomphe des temps et des siecles : nous louons encore la clémence de David, la bonté de Josias, nous pensons sur eux comme pensoient les Israélites, et leur nom transmis à nous par leur bonté durera autant que le monde. Qui ne se rappelle ici avec joie l'idée même de cet Empereur payen, qui lorsqu'il faisoit du bien à ses sujets, goûtoit le plaisir des plus glorieuses victoires, et à qui l'univers entier, devenu heureux sous son regne, déféra le titre si doux de TRÈS-BON ? On auroit voulu par respect pour sa clémence tirer Trajan de l'enfer : des Pères même de l'Eglise le revendiquent en faveur de sa bonté. On n'a rien oublié pour l'enlever au Paganisme, pour en faire honneur à la Religion, pour en décorer la foi chrétienne ; tant la bonté est la véritable gloire des Rois, tant elle doit leur être chere.

Et qu'on ne dise pas : Après tout cette vertu toujourrs paisible ne fait voir dans les Souverains ni victoires, ni triomphes. Eh quoi ! n'est-ce donc pas pour un bon Roi le jour d'un beau triomphe, que celui où il soulage son Peuple, où il rend heureux ses Sujets ? A ce triomphe, je l'avoue, on ne voit ni villes saccagées, ni remparts remués, ni provinces désolées, ni ennemis enchaînés ; mais on y voit un plus doux spectacle : la pauvretée surmontée, l'indigence vaincue, la misere captive, ennemis seuls redoutables à un bon Roi, et dont la défaite pour lui est la plus belle. On y voit avec lui marcher en triomphe la piété, la modération, la justice ; on y voit l'abondance, la joie, le repos et la félicité publique. Il est vrai, à ce triomphe nouveau on n'entend point le bruit des instruments, ni les cris des misérables ; mais quelque chose de plus touchant, les vœux et les acclamations d'un peuple content et heureux, un concert secret de tous les cœurs qui à l'envi vous applaudissent, et comblent de bénédictions celui qui leur a fait une destinée si douce. Mon Dieu ! que ces victoires sont aimables ! que ces triomphes sont beaux ! qu'un Prince est grand à mes yeux, qu'il est héros au milieu de la félicité publique ! Si les Rois sont hommes, cette gloire pour eux n'est-elle pas plus flatteuse que celle de ravager la terre, de faire couler des larmes, de verser le sang humain ? S'ils entendoient leur véritable gloire, ne la trouveroient-ils pas plutôt à être le bonheur du monde, à représenter Dieu sur la terre, faisant la félicité des humains, et à être son image par leur bonté, comme ils le sont par leur puissance ?

O Rois ! n'oubliez jamais cette maxime : c'est être grand que d'être bon : vos bienfaits seuls feront votre véritable gloire ; la plus plus belle couronne des Princes est celle qui est tissue par l'affection des peuples, et le plus ferme appui de leur trône est l'amour de leurs Sujets. Les hommages qu'on rend à la grandeur sont peu sinceres et peu durables ; ceux que l'on rend à la bonté naissent du cœur, et un Roi qui est grand dans les cœurs de ses Sujets, l'est bientôt dans l'idée de tout l'univers, et le sera dans l'opinion de tous les siecles.

Car, second avantage de la bonté d'un Roi, elle fait qu'on l'aime. Oui, l'amour est le tribut légitime que les cœurs payent à la bonté ; aussi quand Jésus-Christ a soulagé la faim de ces peuples misérables, touchés d'une bonté si tendre, ils veulent le faire leur Roi : *ut facerent Regem.* Cette vertu seule saisissant leur cœur, leur paroît digne du trône et de l'empire. Et sans doute, si les Peuples se choisissoient des Rois, ils ne prendroient pas les plus vaillans, les plus fastueux, les plus magnifiques, mais les plus doux, les plus humains, les plus compatissants pour eux et les plus tendres. Nous aimons des maîtres qui nous aiment. Les Princes qui ont régné sans bonté ont été l'exécration du monde. On les regarda comme des monstres, que Dieu irrité contre le genre humain, envoya pour punir les crimes des peuples. Leur nom tout seul est un outrage : un Achab, un Néron, un Hérode nous font encore horreur ; nous les haïssons même dans les histoires qui nous en parlent ; leur disgrace nous rejouit, leur prospérité nous afflige ; nous déplorons les peuples assez malheureux pour avoir vécu sous leur empire. Ils ont contre eux le passé, le présent, l'avenir même. Odieux à toutes les générations des hommes, ils ne régnoient que sur des esclaves ; ils ne vivoient qu'avec des ennemis ; les maux qn'ils faisoient à leurs peuples appartenoient, ce semble, à toute l'humanité ; ils excitent encore des ressentimens universels, et ces tyrans de quelques jours sont l'horreur de tous les siecles.

Mais pour un bon Roi, ah ! il est l'amour et les délices de ses peuples. On l'aime comme un bien public. A son idée seule tous les cœurs touchés s'attendrissent ; on se félicite de l'avoir pour Roi. Son règne n'est qu'une longue fête ; son mal le plus léger devient dans un Etat une calamité publique ; sans cesse on fait des vœux au ciel pour la conservation de ses jours si chers, si précieux, qui coulent pour le bonheur des nôtres ; tous s'empressent de le voir, et chacun en le voyant croit voir un ami, un bienfaiteur, un père ; qu'a-t-il besoin qu'autour de lui on veille ? un bon Roi a toujours avec lui sa plus sûre garde, l'amour des peuples et les cœurs de ses Sujets. Toutes les Nations se l'envient. Israël et Juda discutent entre eux d'amour et de zele en faveur de David. Après une action de clémence qu'il vient de faire, chacun veut avoir un si bon Roi, et l'un dit à l'autre : *Magis ad me pertinet quam ad te ;* il est à moi plutôt qu'à vous. C'est la bonté seule qui produit un combat si doux. Pour éviter une guerre sanglante il faut qu'entre eux également ce Prince si cher se partage. Un bon Roi est un trésor public que tous les cœurs se disputent ; que ne peut-il se multiplier ! Si les voisins jaloux veulent le combattre, ils le trouvent aimé, c'est-à-dire armé de toutes les forces de l'Etat. Car un Peuple qui aime son Roi ne sépare plus ses intérêts du sien. Pour le secourir, tout coule de source ; rien ne lui coûte, ni ses biens, ni son sang, ni sa vie même. Peut-il assez payer son bonheur et la félicité commune. Au moment qu'il est attaqué, sa bonté semble du haut de son trône appeller tous les Peuples à son secours ; chacun veut combattre avec lui ; avec lui chacun croit vaincre ; en un mot, cette bonté qui paroît une vertu si douce, est pourtant plus forte que les armées les plus formidables ; elle est le rempart le plus invincible d'un Etat, et un Roi qui par elle s'est rendu maître des cœurs peut se rendre maître du monde.

Aimez, Sire, aimez une vertu qui a de si grands avantages ; goûtez le plaisir de faire du bien, il est le plus doux ; formez dès à présent pour nous le plan d'un empire heureux, et tracez sur ce plan tous les projets de votre vie. Au moindre trait de bonté qui vous échappe, nos cœurs sont transportés de joie ; nous nous le redisons, nous nous en félicitons, nous en tirons pour l'avenir de douces espérances.

Puisse en vous ce fonds de bonté chaque jour croître ! Puissiez-vous faire de la miséricorde et de la charité votre caractère propre ! Puisse ce titre de bon, qui renferme tous les autres, vous êtes un jour déféré par l'univers ! Puissiez-vous, surtout par la bonté que vous aurez pour votre Peuple, reconnoître celle que Dieu a eue pour vous, lui criant avec David : *Domine, bonitatem fecisti cum servo tuo.* O Dieu ! centre de toute compassion et de toute miséricorde, depuis ma naissance il n'y a eu sorte de bonté que vous n'ayez eue pour votre serviteur, et mon âme à ce moment en est ici toute attendrie. De quels périls, grand Dieu ! m'avez-vous tiré ! Quels secours vous avez mis auprès de moi ! Toute ma vie n'est que l'ouvrage de vos compassions, et plus je me regarde, plus je me sens pressé de vous dire : *Bonitatem fecisti cum servo tuo. Domine ;* Seigneur, dans mes malheurs extrêmes vous m'avez donné des marques d'une bonté qui n'a point de borne. *Bonitatem doce me ;* que votre bonté soit donc la règle de la mienne ; qu'elle m'attendrisse, et me rende sensible aux misères de mes sujets, et aux besoins des pauvres ; comme les pauvres je suis orphelin, n'ayant que vous pour père. Que cette ressemblance avec eux me porte à soulager leurs peines ; que j'apprenne de votre compassion pour moi celle que je dois avoir pour mon royaume. Vous êtes mon père, que je sois le Père de mon Peuple, le meilleur des Peuples, à qui je suis si cher, et qui par son amour pour moi mérite tant de ma tendresse : *Bonitatem doce me.*

Si vous entrez, SIRE, dans ces dispositions si chrétiennes, vous éprouverez en ce monde cette parole : Heureux ceux qui sont doux, parce qu'ils possèderont la terre ; et dans l'autre celle-ci plus consolante encore : Heureux ceux qui sont miséricordieux, parce qu'ils obtiendront dans le ciel une éternelle miséricorde. Je vous la souhaite.

SERMON

POUR

LE DIMANCHE DE LA PASSION

SUR LA PIÉTÉ DES ROIS

Ego honorifico patrem.
« Je fais honorer mon père. »
(*S. Jean*, chap. 6.)

SIRE,

Voila ce qu'avec Jésus-Christ, le Roi des Rois et le modèle des Souverains, un prince chrétien chaque jour doit dire ; tout son règne, toute sa vie ne doit être employé qu'à honorer Dieu et à le rendre respectable aux Peuples. Il n'est Prince, il n'est Roi que pour offrir aux pieds des autels un hommage plus solennel à celui de qui tout empire relève ; la mesure de sa grandeur doit être celle de son culte, et eu égard aux grâces qu'il a reçues de Dieu, se regardant plus que le commun des hommes, comme son enfant, il doit pouvoir dire : que les autres l'aiment, qu'ils l'honorent; moi, par ma religion et par ma piété, je veux encore faire aimer, je veux faire honorer mon père : *Ego honorifico patrem.*

Consacrons donc ce discours à marquer les traits augustes et vénérables de la religion des Rois, et montrons quelle forme doit prendre en eux, pour plaire à Dieu, la piété chrétienne : cette piété, le plus riche appanage des Souverains et l'ornement le plus précieux de leur couronne ; cette piété, la source de leur gloire, l'appui de leur trône, le gage de leur bonheur, la sûreté de leur empire, leur véritable prospérité, et d'où naissent pour eux les plus beaux triomphes; cette piété, qui loin d'être contraire à la royauté, donne seule aux Rois cette grandeur d'âme, cette noblesse de sentiment, cette élévation de cœur, ce vrai héroïsme qui les rend capables des plus grandes choses, et leur devient à des périls sans fin une ressource sans borne; cette piété enfin, qui met sur eux le sceau de Dieu, et qui les faisant régner sagement durant la briéveté de cette misérable vie, leur assure dans le ciel un royaume éternel dont l'empire de l'univers ne mérite pas d'être l'ombre.

Et puisque dans notre Evangile où Jésus-Christ offre en lui-même aux Grands du monde les sacrés caractères de la piété, il dit d'abord aux Juifs qui refusaient de le suivre: Quelle est la loi que j'ai violée? et qui de vous peut me reprendre de péché? Puisqu'ensuite, peu content de n'être pas au peuple un sujet de scandale, il croit devoir honorer Dieu par les œuvres les plus éclatantes, *ego honorifico patrem*, moi je glorifie mon père; puisqu'enfin humble dans ses miracles même, il en rapporte toute la gloire à Dieu, *non quæro gloriam meam:* je ne cherche point ma propre gloire; montrons sur ce plan sacré que nous trace ici un Dieu même comment la vraie piété des Grands doit être. Premièrement, une piété sensible et exemplaire; secondement, une piété généreuse et magnifique; enfin une piété humble et soumise.

Encore qu'on puisse envisager la piété sous une infinité de formes différentes, parce qu'elle tient de son objet qui n'a point de bornes, renfermons-nous dans ces trois idées, comme plus convenables à ce lien sacré. et aux circonstances de notre Evangile.

Vous, ô mon Dieu, plus que jamais donnez bénédiction à votre parole; qu'en apprenant à cet auguste Prince ce qu'un

Roi Chrétien doit être, j'annonce par avance ce qu'il fera, et que ce soit moins ici pour lui une simple instruction qu'un heureux présage. Nous vous le demandons et les lumières de votre Esprit, etc.

Premier Point

SIRE,

Premier caractère de la piété des Grands, une piété exemplaire et sensible. L'illusion la plus commune où ils sont presque tous à l'égard de la piété, est de croire qu'il suffit pour eux qu'elle soit au fond de leur ame ; que certains dehors de la dévotion conviennent davantage au peuple, et que dans la nécessité où sont les Grands du monde de remplir les bienséances de leur état, l'essentiel de leur religion est dans le cœur ; mais outre que je pourrais vous répondre, Puissans du siècle, que lorsque le cœur est chrétien, on ne s'avise guère de disputer à Dieu les œuvres chrétiennes, ne devez-vous pas encore plus que nul autre en remplir toute votre vie, par l'obligation si indispensable où vous êtes d'édifier, de devenir au milieu de vos peuples un grand spectacle de piété, et les imitateurs fidèles de Jésus-Christ, lorsqu'il dit : Quelle est la loi que j'ai violée, et qui de vous peut me reprendre de péché ?

Oui mes frères, les ames communes et vulgaires, bornées, ce semble, à elles-mêmes, peuvent se sanctifier sans offrir au-dehors des œuvres de pitié si sensibles ; leur foi est ce trésor caché dans le champ du Père céleste ; elles peuvent lui rendre des hommages sans être obligées de lui en attirer ; Dieu leur suffit, et contentes de leur vertu, elles en sont moins responsables aux hommes. Il n'en est pas ainsi de vous, Rois de la terre ; redevables au peuple de votre pitié, il faut la rendre exemplaire et sensible ; vous ne devez pas être pieux ni en Religieux, ni en Solitaire, mais en Roi. La vertu d'un personnage public doit être publique ; il faut qu'en vous toutes vos actions parlent ; étant sur la terre le grand objet des regards des hommes, vous en devez révérer l'attention ; vous en devez respecter les jugemens ; vous en devez animer la piété, en ne leur offrant que des exemples de religion et de justice ; il faut qu'avec Josias dans le saint Temple vous écoutiez avec l'attention la plus respectueuse la parole du Seigneur ; il faut qu'avec David, à la vue de votre Peuple, vous approchiez de l'Arche sainte avec la plus profonde adoration ; il faut qu'à l'exemple de Néhémias vous édifiiez l'Eglise sainte par l'exercice public de la charité ; il faut qu'avec Samuel, par l'assistance la plus pieuse au sacrifice de l'Agneau,vous le rendiez, s'il se peut, plus vénérable au Peuple ; il faut enfin, que donné ici en spectacle à vos inférieurs, vous leur offriez avec éclat et avec force l'exemple continuel de toutes les vertus.

Et pourquoi dans un Souverain une piété si exposée et si publique ? C'est, répond l'Apôtre, que vous êtes le Ministre de Dieu sur la terre, pour établir le bien et pour le répandre : *Minister Dei in bonum.* C'est que Dieu ne vous a pas fait Roi précisément pour avoir plus de grandeur et plus de magnificence que les autres ; mais pour avoir plus de religion, pour être élevé au milieu de votre empire comme un spectacle de piété autour duquel les Peuples se rangent : c'est qu'enfin la vertu ne passe guère dans les Peuples que par les Grands, et que de leur piété ou de leur impiété dépendent les mœurs publiques. Eh ! qui peut dire, en effet, Grands du monde, qui peut dire les maux que produit dans un Etat le scandale de votre vie ? C'était à vous à former les Peuples au bien, et c'est vous qui leur devenez par la licence de vos mœurs une source de désordre. Depuis que vous avez levé, ce semble, l'étendard du péché, tous à l'envi s'y abandonnent. Cette corruption si générale, si excessive, dont on se plaint, est peut-être votre ouvrage ; les Peuples, imitateurs éternels des Grands, trouvent une sorte de vanité à faire le mal, depuis que par là ils vous ressemblent ; vous avez donné à la licence un air de noblesse et de grandeur que chacun affecte de prendre. On fait gloire de suivre ceux que la gloire suit partout. C'est dans un royaume, pour fournir aux plaisirs des Grands, une conspiration universelle de péchés, et parce que vos cœurs sont pervertis, il faut que tous les cœurs d'un Etat se pervertissent.

Mon Dieu ! quel fléau est donc pour un empire un Roi qui ne vous sert pas ? Quel effroi pour lui, quand paroissant un jour auprès de votre tribunal terrible, il se verra chargé des crimes de tous ses Sujets, et que vous pourrez dire de lui comme de cette idole de scandale : parce qu'elle a fait pécher mon peuple, qu'elle soit dévorée par le feu : *Igne succendatur*.

Au contraire, quel présent Dieu fait à un empire quand il lui donne un Roi édifiant : sous son regne aimable les plaisirs publics languissent, l'impiété tombe dans le décri, le libertinage odieux se cache ; non seulement vous ôtez au crime son crédit, mais vous rendez à la vertu son lustre. La piété honorée et florissante dans votre personne se fait aimer de tous vos Sujets ; vos mœurs pour nous deviennent les loix, chacun s'empresse de les suivre ; les vertus du Prince sont bientôt les vertus de tout l'Etat ; les moindres pratiques même de la Religion deviennent grandes quand on en voit l'exemple dans son Souverain ; tout s'élève, tout s'embellit en des mains si nobles. Ce n'est pas une honte, c'est une gloire d'être Chrétien, dès que par-là on vous ressemble. Une infinité d'âmes qui n'osoient être pieuses, régulières, pénitentes, aiment à l'être quand vous le devenez. Quel courage vous jettez dans les cœurs ! quelle sainte émulation vous faites naître dans les ames ! Vous avancez plus le royaume de Jésus-Christ par le spectacle de vos mœurs, que nous ne l'avançons par les efforts de notre zèle ; votre vie est pour les Peuples une exhortation à la piété plus persuasive que tous nos discours ; et en un mot tout se sanctifie dans l'univers, quand vous vous y sanctifiez vous-même.

O que par-là les destinées d'un Roi sont belles ! Qu'un Prince est grand quand il est à Jésus-Christ ! Mon Dieu ! que l'empire que sa piété lui donne sur les cœurs est au-dessus de celui qu'il tient de sa puissance ! Quand l'intérêt seul de son salut ne lui suffiroit pas pour lui faire aimer la vertu, l'intérêt de tant d'âmes qu'il sauve en les édifiant, ne devrait-il pas le toucher? Est-il un plaisir plus doux pour un bon cœur que celui d'être une source de salut et de félicité pour ses frères ?

Vous, Sire, animé par un motif si beau, ne vous sentez-vous pas ici un désir ardent de vous sanctifier pour sanctifier ensuite tout votre Peuple ? La vertu, déjà si aimable par elle-même, prendra pour nous de nouveaux charmes, lorsque par-là nous vous imiterons ; votre exemple nous la rendra plus chère et plus douce, en votre personne auguste ; il lui sera plus facile de se gagner nos cœurs, et de l'amour que nous avons pour vous, nous passerons aisément à avoir de l'amour pour elle. Premier caractère de la piété des Grands : une piété exemplaire et sensible.

Second Point

Second caractère, une piété généreuse et magnifique qui mette un Roi Chrétien dans cette disposition si haute et si grande de pouvoir dire avec Jésus-Christ : Moi je glorifie mon père : *Ego honorifico patrem*. Et en quoi doit paroître dans les Grands cette élévation sainte de la piété ? Premièrement, à surmonter les jugemens et les contradictions des esprits foibles. Quand Jésus-Christ veut aujourd'hui rendre à son père le culte qui lui est dû, les uns l'appellent Samaritain, d'autres lui disent qu'il est possédé du Démon, tous essaient de l'arrêter par des respects humains et des vues politiques. Mais sa religion ferme et courageuse en prend, ce semble, de nouvelles forces, et plus on attaque sa piété, plus elle triomphe.

On voit tout les jours des Grands du monde qui auroient du goût pour la piété et quelque tendresse même de conscience, mais une mauvaise honte les arrête ; ils sont effrayés du spectacle des jugemens humains ; ils craignent de frapper les yeux du monde par un changement trop marqué ; ce personnage si aimable d'homme de bien leur fait peur ; ils ont de la valeur danr les combats, ils n'en ont pas dans la vertu, et ces héros dans la guerre sont des lâches dans la Religion. Que Jésus-Christ peut bien leur dire ce qu'il dit aujourd'hui aux Princes de la Synagogue : Ames faibles, autant j'honore mon père par l'élévation et la noblesse de ma piété : *Ego honorifico patrem ;* autant vous me déshonorez par la lâcheté et la bassesse de la vôtre : *Et vos inhonorastis me*. Ah ! que les Grands du monde craignent Dieu ! Cette crainte en eux, loin d'être une foiblesse, est la véritable valeur ; par elle un cœur est plus grand et une âme plus élevée : *Gloria magna est timenti Deum.* Vous, pourquoi vous déshonorer vous-mêmes ? Pourquoi déshonorer la vertu par la crainte lâche des hommes, de ces hommes que d'ailleurs vous méprisez tant ; de ces hommes que hors de-là vous rougiriez de craindre ? Laissez la crainte au vice, c'est à lui de trembler ; donnez de l'assurance à la vertu, il lui convient d'être intrépide. Dans un Prince, le plus beau des triomphes est de surmonter le respect humain. Un Roi qui dompte ce monstre mérite seul le nom de héros, et pour lui, dit le Sage, oser pratiquer la vertu est plus glorieux que de remporter des victoires : *Magis quam expugnare urbes.*

Secondement, la piété dans les Grands doit être généreuse, et s'il se peut dire, héroïque pour vaincre les obstacles si infinis que leur état oppose à la sanctification. Et en effet, quelle force de courage ne faut-il pas dans ces ames royales, pour être sur le trône pénitentes au milieu de tout ce qui peut réjouir les sens, pures parmi les objets les plus capables de corrompre, libres avec tout ce qui peut captiver un cœur et le surprendre, vivantes dans un séjour où le cœur, pour ainsi dire, ne sauroit sortir hors de soi sans rencontrer un ennemi qui le cherche pour lui donner le coup de la mort, vigilantes au milieu de mille dissipations inévitables et nécessaires, chrétiennes enfin, où l'on ne peut l'être qu'avec effort et par miracle. Ceux que Dieu a laissés dans l'obscurité n'ont que des épreuves légères, et une force commune leur suffit ; mais en vous de grands périls demandent un grand courage ; il faut que vous vous éleviez sans cesse au-dessus de vos propres passions, et des passions même de ceux qui vous environnent ; il faut que vous soyez en état de surmonter la nature à chaque instant, et dans les choses les plus difficiles et les plus douloureuses ; il faut que vous soyez prêts d'obéir à la loi de

Dieu, au préjudice d'un grand intérêt, ayant sans cesse dans vos mains et votre grandeur et votre vie même, s'il vous la demandoit pour sa gloire ou pour votre salut, et qu'en un mot plus vous êtes grands, plus vous combattiez de grandes passions, plus vous avez de grandes vertus, plus vous fassiez de grands sacrifices.

Or, pour tout cela, que vous avez besoin d'une grande piété, d'une piété ferme, courageuse, héroïque, d'une piété qui vous rende contre le péché une colonne de fer, un mur d'airain, une place défendue de tous côtés, et que rien ne force ! Hélas ! et c'est parce que la piété est si contraire aux passions des Grands, que presque tous ils la rejettent, et l'éloignent d'eux comme leur ennemie ; je crois voir ces Princes des Philistins, qui, embarrassés de l'Arche sainte, s'écrient en la renvoyant : Elle nous attire des guerres trop cruelles, elle nous fait des plaies trop sanglantes, elle ne nous apporte que des maux ; qu'elle s'éloigne de nous : *Recedat à nobis.*

Insensés, nous ne pensons pas qu'en éloignant la piété de notre cœur, nous lui ôtons toute sa paix, tout son bonheur, et que les maux apparens qu'elle nous fait seroient pour nous le plus grand des biens et la félicité véritable.

Enfin, cette élévation et cette magnificence qui convient à la piété des Grands doit se produire dans les œuvres même de la Religion, et dans leur zèle pour le divin culte. Je sais que la vraie beauté d'une ame chretienne est au dedans d'elle et dans l'assemblage précieux de toutes les vertus. Je sais qu'en nous Dieu est plus touché de l'innocence de la vie que de la magnificence des dons, et que celui qui porte dans son Temple une conscience pure lui plaît davantage que celui qui lui élève des autels ; mais la vocation des Rois est d'allier l'un et l'autre. Les Peuples, pour qui Dieu n'a fait que des choses communes et ordinaires, peuvent ne lui rendre qu'un culte ordinaire et commun ; leur zèle destitué de tout secours se borne à prier, à gémir, à aimer, à offrir à Dieu de bons désirs et de saintes pensées. Ce n'est pas assez pour un Souverain : la piété d'un Roi doit être royale ; il ne peut concevoir pour la Religion d'assez grands desseins, ni des projets assez nobles. Il faut que sa piété, portant les caractères de sa grandeur, l'élève aux œuvres les plus magnifiques. Eh quoi ! tout dans les Princes est si somptueux et si splendide ; n'y auroit-il que la piété qui ne le fût pas ? Une magnificence même excessive éclate dans leurs palais, et l'on n'en verroit pas le moindre trait dans nos saints Temples ? Et grands rien que pour eux-mêmes ils ne le seroient jamais pour Dieu ?

Non, dit saint Augustin, la Religion chrétienne puise dans une meilleure source les principes qui doivent la régler. Dieu à l'égard des Rois a été magnifique dans ses dons, ils doivent être majestueux dans leurs hommages : c'est de Dieu que l'Esprit-Saint a dit : qu'il est magnifique dans sa sainteté ; et c'est d'un Roi, sa vive image, qu'il a ajouté : une grande magnificence a paru dans sa sanctification. Les Rois, en effet, ne peuvent se sanctifier qu'en imitant dans leur culte cette magnificence de Dieu, et qu'en se portant pour la Religion aux choses grandes et signalées. On en voit, qui bornés à une piété fausse, étrangère, mal entendue, établie où elle n'est pas, n'ont que la dévotion du Peuple, sans avoir la dévotion du Roi. Leur religion, dit saint Paul, est défectueuse ; il faut que dans le ciel tous les astres brillent ; mais autre est l'éclat d'une étoile, autre l'éclat du soleil ; il y a une dévotion des Princes différente de celle des particuliers, par laquelle ils font des actions de piété qu'il n'y a que les Rois qui puissent faire.

C'est à eux à élever des temples au vrai Dieu, à lui dresser des autels, à lui décorer son sanctuaire, à rendre l'appareil de son sacrifice plus respectable et plus pompeux, à remplir de splendeur et de majesté la célébration du sacré culte. C'est à eux à fonder des asyles à l'innocence, des secours à la vertu, des ressources publiques à l'infirmité et à l'indigence. C'est à eux à extirper les vices, à dissiper les scandales, à s'opposer au torrent de l'impiété et de la licence. C'est à eux à étouffer les sectes profanes, à proscrire l'erreur, à foudroyer les hérésies. C'est à eux à protéger l'Eglise, à redonner à cette épouse de Jésus-Christ toute sa beauté, toutes ses graces ; à maintenir ses loix, à faire observer ses règles, à conserver sa doctrine pure, ses mœurs chastes, ses droits inviolables, à leur donner de dignes Pasteurs, et à ne confier qu'à des Saints les choses saintes. C'est à eux à entretenir en elle la sainte subordination, cette alliance si vénérable, cette harmonie si nécessaire du Sacerdoce et de l'Empire qui fait sa force et sa beauté, à consoler ses peines, à calmer ses troubles, et la faire jouir d'une douce tranquillité à l'abri de leur autorité sacrée. Enfin, leur règne ne doit être que le règne de Jésus-Christ, et le plus noble usage qu'ils peuvent faire de leur grandeur est de l'employer à la grandeur de Dieu même : *Ego honorifico patrem.*

Car voilà quelle a été dans tous les temps la dévotion des Rois, et la vraie piété des Princes. Ainsi David en grand triomphe fait transporter l'Arche du Seigneur, et enrichit des dépouilles des Rois subjugués le divin sanctuaire; ainsi Salomon épuisa pour bâtir le temple saint toute la magnificence humaine, et voulut que la maison du Dieu de l'univers fût la plus belle du monde ; ainsi Ezéchias fit célébrer la Pâque avec la plus pompeuse solennité, et conserva dans le cœur des peuples le sentiment du vrai Dieu par le culte le plus majestueux et le plus splendide; ainsi Josaphat honora de sa protection les saints Lévites, extermina les bois sacrilèges, ôta l'opprobre d'Israël et, selon l'expression de l'Ecriture, dissipa tous les crimes d'un de ses regards : *Dissipavit omne malum intuitu suo.*

Et pour vous offrir, SIRE, des exemples moins éloignés, et pris de votre trône et de votre sang même : ainsi Charlemagne donna dans ce royaume au culte divin cette splendeur et cet éclat qui nous le rendent si vénérable ; ainsi saint Louis enrichit nos Eglises des trésors précieux de la foi et de l'appareil sacré de notre rédemption sainte, éleva des retraites aux veuves, aux orphelins, aux aveugles, et sa charité magnifique et royale soulage encore toutes les misères de nos jours ; ainsi votre bisayeul Louis XIV, grand contre tout, contre les ennemis, contre l'hérésie, contre le duel, contre le blasphème, contre l'impiété, contre la licence, grand contre la mort même, le fut encore dans les œuvres de sa piété; après avoir vaincu en David, il bâtit un temple en Salomon, et ce qui avoit échappé à la charité si étendue de saint Louis, consacra à la jeune Noblesse et à la valeur malheureuse des édifices pompeux, qui seront des monuments éternels et de sa religion et de sa gloire.

TROISIÈME POINT.

MAIS achevons : dernier caractère de la piété humble et soumise ; après que Jésus-Christ a dit aux Juifs qu'il glorifie son père par les œuvres de sa piété, il ajoute qu'en les faisant il ne cherche pas sa propre gloire, et que sa gloire n'est rien : *Gloria mea nihil est.*

Et voilà dans quelle disposition un Roi Chrétien doit être ;

dans ce qu'il fait de plus grand pour la Religion il doit s'anéantir et se confondre, s'écriant avec ce Roi d'Israël après les oblations les plus magnifiques : *Je suis un pauvre et un indigent.* D'ordinaire nous nous complaisons dans le bien que nous faisons, nous ramenons tout à nous-mêmes, comme si étions notre Dieu et la source de nos bonnes œuvres. Souvent, dit un Père, les grandes actions font naître dans l'ame un grand orgueil ; notre amour-propre est en nous ce monstre qui se nourrissoit des victimes les plus belles ; il s'entretient de nos plus saintes vertus, et en faisant semblant de chercher la gloire de Dieu, nous cherchons notre gloire propre. Un Roi pieux doit abaisser sans cesse sa majesté royale sous l'humilité chrétienne. Il doit se regarder, sur le trône et et dans ce qu'il fait de plus grand pour la Religion, comme un serviteur qui a soin de la gloire de son maître, qui se trouve trop heureux qu'il daigne agréer son faible ministère pour l'exaltation de son nom, et dont la gloire séparée de celle de Dieu n'est rien, et loin d'avoir de la valeur, n'est qu'une usurpation et un crime : *Gloria mea nihil est.*

Vous avez donc vu, Sire, les sacrés caractères de la piété des Rois ; eh ! qui empêche que dès ce moment vous ne vous consacriez à elle ? Sans la piété vous seriez comme un enfant qui, s'éloignant de sa mère, tombe par sa faiblesse naturelle dès le premier pas ; ôtez aux Rois la piété, vous leur ôtez leur gloire, leur bonheur ; ils ne sont plus que le vil jouet des passions, et même, au comble de la grandeur, les plus misérables des hommes. Evitez, Sire, un si triste sort ; que vos mœurs s'accordent avec le nom de Très-Chrétien que vous portez. Frémissez à cette idée : un Roi sans pitié. Ecoutez une voix intérieure et secrète qui, au fond du cœur, vous dit sans cesse que vous êtes le fils d'un Saint : *Filii sanctorum sumus.* Pour ne pas dégénérer d'une naissance si belle, à l'exemple de David, élevé à ce moment au-dessus de vous-même, réunissant pour cette grande action toutes les forces de votre âme, appelant pour spectateurs et pour témoins d'un si noble effort Dieu et les Anges, avec une ferme confiance dans le secours d'en-haut faites ici à Dieu, dans son saint Temple, en présence de votre Peuple, à la face de ces autels, un serment solennel, un vœu irrévocable de vous sacrifier tout entier à lui et de vous dévouer pour jamais à la piété chrétienne.

Avec quelle joie les Anges saints vont porter au trône de Dieu une hostie si grande et si chère! Recevez-la, Dieu de miséricorde, tous ensemble nous vous la présentons ; dans cette innocence si pure, qu'elle est agréable à vos yeux! Comblez-la de vos bénédictions les plus saintes ; qu'elle vive, qu'elle croisse sous la tendresse de vos regards. Mettez sur ce Prince auguste votre sceau divin ; c'est votre ouvrage, c'est votre enfant ; recevez-le, conservez-le, chérissez-le, sanctifiez-le, afin qu'un jour réuni à vous il puisse vous posséder dans l'immortalité de votre gloire. Je vous la souhaite.

SERMON

POUR

LE DIMANCHE DES RAMEAUX

SUR LE MÉPRIS DES GRANDEURS HUMAINES

Clamabunt dicentes ? Hosanna filio David !

« Ils s'écrient en disant : Salut et gloire au fils de David ! »

SIRE,

La grande leçon que Jésus-Christ daigne aujourd'hui vous faire est un mépris général du monde, de ses joies, de ses grandeurs, de ses prospérités, de sa gloire. En effet, c'est pour en détromper votre âme qu'il vous les fait voir difficiles dans leur recherche, incapables de contenter ceux qui les possèdent, si fragiles, si passagères, qu'on en éprouve aussitôt la privation que la jouissance. Depuis sa venue sur la terre, il n'a cherché qu'à établir dans la Judée son empire divin, et ce n'est que dans les derniers jours de sa vie qu'il y est reconnu pour Roi ; au milieu même de son triomphe et des cris de joie qui accompagnent son entrée, il paraît triste et affligé. Enfin, cette réception si pompeuse, qui ne dure qu'un moment, se change bientôt pour lui en l'appareil de la Passion et de sa mort douloureuse. Que les Grands du siècle sont à plaindre, si dans ces trois circonstances du triomphe de Jésus-Christ, si tardif, si insuffisant, si rapide, ils ne découvrent trois puissans motifs de mépriser comme lui les joies et les grandeurs du monde ! Eh ! quel fonds faire sur elles ? premièrement, leur recherche nous trompe ;

secondement, leur possession ne nous satisfait pas; troisièmement, leur instabilité nous afflige. De leur nature elles sont fugitives, elles sont vuides, elles sont périssables; comment peut-on les aimer? Comment peut-on, si l'on est sage, ne pas leur préférer Dieu et les biens du salut, qui toujours offerts et présens à notre cœur, le préviennent, qui toujours plein et rassasians, le remplissent, qui toujours durables et constans, l'arrêtent et le fixent. Développons ces trois idées, et plaise à Dieu qu'imprimant aujourd'hui profondément dans l'ame du Prince auguste qui m'écoute les mépris des joies et des grandeurs du monde, je puisse l'appliquer avec force au soin de son salut, ici-bas l'unique bien, et pour les Rois comme pour le moindre de ses sujets la seule chose nécessaire. Demandons les lumières, etc.

Premier Point

SIRE,

Le grand objet du Très-Haut et le mystère profond de sa souveraine sagesse en nous envoyant son Fils, étoit, selon l'Apôtre, d'établir sur les enfants des hommes sa divine royauté. C'est à quoi tout semblait tendre en lui dès sa naissance bienheureuse; tant de travaux, tant d'instructions, tant de vertus, tant de prodiges; tout, en un mot, se reportoit à cette promesse adorable : les nations de la terre le reconnaîtront pour Roi, et dans un triomphe pompeux on verra courir au-devant de lui les peuples du monde. Cependant jusqu'à ce jour nulle trace en lui de cette royauté sainte, et au lieu des hommages qu'il méritoit, il ne reçoit que des outrages. Et, par là, que veut-il offrir aux Grands du siècle qu'il instruisoit? Le premier motif qui doit leur faire mépriser les joies et les grandeurs du monde, je veux dire le mécompte et l'inutilité de leur recherche et de leur attente ; car, avouez-le, Puissans du siècle, vous avez tous le même désir, qui est de vous rendre heureux, et tous le même sort, qui est de ne pouvoir l'être. Ah ! qu'il y a longtemps qu'en secret vous en gémissez, et que votre cœur laissé seul avec ses désirs vous devient un cruel supplice ; vos penchans, par exemple, vous entraînent vers les plaisirs, mais ils se dérobent à vos poursuites ; vous épuisez vos soins sur les honneurs, mais rien n'est plus stérile pour vous que leur recherche ; vous n'aspirez qu'aux douceurs et aux délices de la vie, mais elles semblent fuir devant vous. Selon l'expression du Sage, tous vos projets sont trompeurs, toutes vos prévoyances incertaines. Le chemin que vous croyez sûr pour avancer presque toujours vous recule ; vous trouvez un piège où vous attendiez un appui ; vous êtes comme un homme qui a fait naufrage sur le vaisseau qu'il croyoit devoir l'enrichir ; souvent même vos desseins les mieux concertés échouent par les précautions que vous aviez prises pour le succès ; vos mouvements inquiets, vos entreprises pénibles, ressemblent au songe de celui qui s'agite durant le sommeil, et à qui il ne reste d'une grande agitation qu'une grande inquiétude. Que sais-je, Grands du monde : il y a même dans votre vie des endroits tristes, où toutes vos passions à la fois, pour vous rendre plus malheureux, sans pouvoir s'accorder, semblent vouloir se satisfaire ; ce que la volupté souhaite est combattu par la vanité ; ce que l'orgueil demande, la mollesse ne le veut pas ; l'avarice est un obstacle à l'ambition, et à l'amour du repos, celui de la gloire ; pour rendre heureuse une de ses passions, il faut, pour ainsi parler, mettre les autres en esclavage ; toutes insatiables, elles deviennent incompatibles ; votre cœur misérable, mal d'accord avec lui-même, ne sait alors qu'abandonner, ni que choisir ; assez faible pour s'ouvrir à toutes les passions, il n'est pas assez fort pour servir les désirs d'aucune ; il s'agite, il se consume dans l'inutilité de ses transports ; ainsi la vie entière se passe à désirer et à souffrir ; elle n'est qu'une longue privation, un vain effort, une misère continuelle, et vous en verrez arriver la fin, sans jamais avoir joui ni de Dieu, ni du monde, ni de vous-mêmes.

O que plus sage est celui qui ne veut que Dieu ! Dieu n'est-il pas à l'âme qui le cherche un bien toujours offert, toujours présent ? Loin de fuir devant nous, ne nous prévient-il pas par sa tendresse infinie ? ne nous recherche-t-il pas lui-même comme s'il devoit se rendre heureux par notre amour ? et l'âme fidèle qui le sert ne trouve-t-elle pas en lui ce repos et ce bonheur que lui refusoit le monde ?

Ah ! que je sois enfin, ô mon Dieu ! cette âme bienheureuse ; il y a si longtemps que vous m'en pressez. Hélas ! par mes malheurs je me suis devenu à moi-même un spectacle de pitié ; j'ai vieilli dans les rebuts de la Cour et de la fortune ; et où est donc ce bonheur que depuis si longtemps j'y cherche ? Tous les objets de mes passions me fuient ; quand je suis près d'y atteindre, je sens une main invisible qui me repousse et les éloigne de mon cœur ; c'est votre main, ô mon Dieu ! je la reconnais cette main aimable et paternelle, qui par une violence miséricordieuse voudroit me ramener à vous ; eh bien encore éloignez tout, encore refusez tout, mais donnez-vous vous-même, Seigneur, j'aurai tout en vous possédant, et je trouverai dans votre amour un bonheur que même les heureux du siècle ne goûtent pas au comble de l'élévation et au faîte de la gloire humaine.

Et voici, Grands du monde, le second motif qui doit vous porter à les mépriser : le vuide de leur possession et de leur usage.

Second Point

Jésus-Christ entre aujourd'hui dans Jérusalem comme un Roi victorieux dans sa ville capitale : tout se ressent de cette auguste solennité de l'appareil d'un triomphe ; une multitude empressée accourt à lui de toutes parts ; ce ne sont autour du Sauveur que cris de joie et qu'acclamations publiques : les uns jettent leurs vêtements sur le chemin où il passe, d'autres arrachent des branches d'arbres pour ajouter à son entrée un éclat nouveau ; ce n'est par-tout que pompe et que magnificence, et au milieu de tant de gloire il demeure triste et affligé ; il sent le vuide et la fausseté de toute la félicité humaine ; son cœur n'y peut trouver de repos, et peu satisfait des joies et des grandeurs du monde, il n'est occupé que de Dieu, l'unique objet de ses désirs et de ses pensées.

Et que vouloit-il par ces dispositions vous apprendre alors, Grands du siecle ? que jamais vous ne serez heureux par tout ce que le monde pourra vous offrir de plus flatteur et de plus aimable. Oui, quand je vous accorderai ces objets qui se refusent si souvent à vos recherches, vous n'auriez rien gagné pour votre bonheur ; pourquoi ? parce qu'en désirant encore vous êtes toujours malheureux, et qu'aux termes d'Isaïe, nourris comme dans un songe, vous n'êtes jamais rassassiés : *Comedet et non saturabitur*. Et en effet, je vous le demande, dans vos places les plus éminentes, par où vous trouvez-vous heureux ? Est-ce par ces richesses immenses que vous avez acquises ? Mais vous êtes forcés de nous répondre qu'elles ne vous ont pas donné la félicité, parce qu'elles ne vous ont pas ôté la cupidité ; que ce bien est au-dehors de vous, et tout détaché de votre ame ; mais que le dedans, c'est-à-dire vous-mêmes, est encore pauvre et indigent; que les besoins de votre cœur excèdent votre abondance; qu'il y a, ce semble, un malheur inséparable des richesses, qui fait qu'elles étendent le vuide qu'elles promettent de remplir; qu'elles multiplient le crime, sans assouvir sa passion, et qu'au lieu de nourrir le cœur, elles l'affament davantage: *Comedet et non saturabitur*. Est-ce par les honneurs et par la gloire? Mais, avouez-le, votre cœur est moins satisfait de l'honneur qu'il reçoit, qu'inquiet pour celui qu'il désire encore; ce qui lui parut d'abord le comble de l'élévation, ne lui semble plus, quand il y est, qu'un état commun et médiocre; si au-dessus de ses attentes, il est au-dessous de ses desirs, il éprouve trop ce que dit le Sage, que l'honneur est un pain de mensonge qui ne donne jamais à l'ame le rassasiement qu'il promet: *Comedet et non saturabitur*.

Est-ce par les voluptés et les délices de la vie? Mais combien de fois avons-nous arraché de votre bouche cet aveu sincere, que le remede des plaisirs, c'est les plaisirs mêmes; que leur usage en inspire le dégoût; qu'ils laissent dans l'ame un poid d'amertume qui l'accable; qu'on n'en goûte guère que l'espérance, mais que dans la possession on cherche ce bien qu'ils ont tant promis; que si l'on ôte de la passion les inquiétudes qui la précedent et les remords qui la suivent, ce milieu qui reste est un point bien léger, un intervalle bien court, s'il n'a lui-même déjà son poids et son trouble; qu'enfin les plaisirs ne peuvent contribuer à nous rendre heureux; car s'ils sont médiocres vous ne les sentez pas, et s'ils sont outrés ils vous deviennent insipides: *Comedet et non saturabitur*.

Est-ce enfin par la facilité où votre condition semble vous mettre de satisfaire à votre gré tous vos penchans? Mais votre ame en est-elle au fond plus heureuse? Je le veux, dans l'élévation où Dieu vous a fait naître, vous trouvez la pompe de la grandeur, la magnificence des palais, la somptuosité des habits, la délicatesse des repas, le charme des spectacles, et par-dessus cela des chagrins, des inquiétudes, des remords, un vuide immense qui vous dévore ; lorsque le monde vous croit heureux, vous n'êtes pas même tranquilles ; votre bonheur n'est que dans la surface ; vous cachez sous un faux dehors de félicité une ame au fond plus misérable ; vous êtes comme cet arbre de l'Ecriture qu'un feuillage encore frais couvroit au dehors, mais dont un ver secret rongeoit le cœur et dévoroit toute la substance ; vous avez beau vous donner des divertissements et des réjouissances, vous n'en n'avez jamais que de trompeuses ; vous vous dégoûtez de vos passions par vos passions elles-mêmes ; plus votre condition vous offre de bonne heure l'usage des plaisirs, et plutôt vous en avez la satiété et la lassitude ; heureux plutôt que nous, vous cessez plutôt de l'être. Vos plaisirs une fois épuisés, vous êtes livrés à l'ennui, la grande plaie des Grands, et néanmoins la destinée la plus douce qu'ils puissent attendre ; votre propre félicité vous est à charge ; tout ce qui a pour vous un caractère de nouveauté peut vous plaire quelque temps, à peu près comme le changement de situation plaît à un malade ; il se trouve mieux parce qu'il n'est plus comme il était, mais cette consolation n'est pas longue, et la douleur la suit de près ; dès que votre inquiétude a essayé de toutes les places, qu'elle a usé toutes vos ressources, il ne vous reste plus rien pour être heureux : dans cet état même de dégoût, vous qui êtes si difficiles à réjouir, vous qui ne sentez plus aucun plaisir, vous êtes plus sensibles à la peine ; la moindre contrainte vous accable, le moindre plaisir dérangé vous désespere ; vous vous faites des chagrins de ce qui seroit des momens de félicité pour le peuple. Alors le crime même, en vous apportant de la honte, ne vous cause plus aucune joie, et en un mot, tous les objets ensemble, loin de donner à votre cœur le rassasiement, rendent sa faim plus cruelle : *Comedet et non saturabitur.*

Tous enfin, mes frères, tous ici sous l'œil de Dieu, interrogeons-nous ; depuis que nous avons abandonné misérablement ce père aimable, sommes-nous contens, avons-nous trouvé le bonheur dans ces choses où notre imagination nous l'a fait attendre ? Ils sont venus quelquefois ces momens heureux qui bornoient tous les désirs de notre ame, certains jours privilégiés, bien rares dans la vie, où tout sembloit autour de nous conspirer à nous rendre heureux. Avouons-le, nous y croyions déposer notre cœur comme dans son repos et dans son centre, nous nous proposions à cette fois d'être heureux sans Jésus-Christ. Hélas ! y avons-nous réussi, nos passions étoient satisfaites, nous-mêmes l'étions-nous ? Nos sens étoient flattés, mais notre cœur étoit-il content ? Le sentions-nous plein et tranquille ? Ah ! il soupirait encore, il se plaignoit à nous, il se trouvoit malheureux et déplacé ; secrètement il accusoit le monde et toutes ses joies d'impostures et de vuide ; il nous disoit par ses ennuis, par ses dégoûts, par ses alarmes, par son trouble, par l'effet qu'il faisoit d'aller plus avant, que quelque chose lui manquoit, c'étoit Dieu et tout avec lui.

Vous le voulez ainsi, Seigneur, dites-le avec moi, Prince auguste, ce sont les sentimens d'un Roi chrétien que j'exprime, vous le voulez ainsi, Seigneur, par une disposition de miséricorde, que celui qui n'a besoin sur la terre que de vous ne trouve rien ailleurs qui le contente ; vous l'ordonnez et il est juste que tout désir soit un fardeau à celui qui ne vous aime pas : beauté éternelle, que tout bien appauvrisse celui qui ne vous veut pas ; trésor immense, que tout honneur dégrade celui qui ne vous cherche pas; gloire immortelle, que tout plaisir tourmente celui qui ne vous goûte pas; félicité sainte, pour me forcer à ne désirer que vous, vous voulez que rien ne vous supplée, vous me devenez seul nécessaire afin de m'être uniquement cher. Seigneur, ah! plus que jamais sur le trône même entretenez, étendez en moi ce vuide immense qui vous réclame, creusez en mon cœur de nouveaux abymes qui me forcent à vous redemander; ôtez sans cesse aux créatures le pouvoir de me rendre heureux; qu'elles fondent encore, qu'elles se perdent dans l'immensité de mes désirs; tenez toujours devant moi ma couronne, mon empire, ma royauté, l'univers entier dans l'impuissance de me satisfaire. En sa place, venez en mon ame, vous, ô mon Dieu! source intarissable de délices; vous, ici-bas même, le véritable, l'unique bonheur des Rois, seul plus grand que mon âme, seul plus immense que mon cœur; animez-moi, possédez-moi, remplissez-moi; non, on n'est bien qu'avec vous; là est la misère où vous n'êtes pas; notre repos c'est notre Dieu, et un Roi qui vous porte dans son cœur est assuré d'y avoir tous les biens ensemble.

Troisième Point

S'il est nécessaire qu'il soit à Dieu, le cœur des Grands, déjà si malheureux, parce que les objets qu'ils aiment sont insuffisans, il ne l'est pas moins, parce que ces objets sont fragiles. J'ai tout éprouvé, disait le Sage, assis lui-même sur le trône, et quelle force a ici cet aveu fait par un Roi à un autre Roi, par le plus sage des Rois, au plus chéri des Rois! J'ai tout éprouvé, et partout j'ai trouvé d'abord le vuide, ensuite l'affliction ; le vuide dans l'usage, *vanitatem*, et un moment après l'affliction dans la perte, *et afflictionem*, et n'est-ce pas ce dernier motif de mépriser les joies et les grandeurs du monde, que Jésus-Christ dans notre Evangile daigne aujourd'hui nous offrir! Que sa gloire est peu durable ! tout change autour de lui ; ces mêmes bouches qui le combloient de bénédictions, et avec des transports de joies s'écrioient : Salut et gloire au fils de Dieu, un moment après demandent qu'il meure, et son triomphe si solennel se tourne subitement en un cruel sacrifice.

Image naturelle de la fausseté de la grandeur et de la gloire du monde ; elle se dissipe comme une vapeur à mesure qu'elle s'élève. Non, rien n'a de durée sur la terre ; tout s'y dément et tombe comme de lui-même par ce caractère d'instabilité que Dieu lui imprime ; les sceptres eux-mêmes et les couronnes entrent dans cette vanité qui domine ici-bas toutes les choses humaines. Non seulement les hommages qu'on rend aux Grands, mais les Grands eux-mêmes disparoissent, et par je ne sais quelle fatalité, plutôt, ce semble, que les autres hommes. On dirait que cet Arbitre souverain de la destinée des Princes, qui se joue là-haut de leurs projets, se plaît à montrer surtout en eux combien vaine est la figure du monde, combien fragile et empruntée est leur grandeur, et ils ne sont plus élevés que pour montrer de plus loin à l'homme son néant et toute la vanité de sa gloire.

Et quelles leçons, Sire, quelles terribles leçons vous a fait sur ce point, presque en naissant, la divine Providence ! Qu'avons-nous vu ? ô ciel ! quels évènements ! quels spectacles ! et que pour vous instruire il en a coûté à l'univers ! La France voyait avec joie au milieu d'une Cour florissante, autour de son auguste maître, tant d'héritiers prochains de sa couronne, de tous les caractères, de toutes les vertus ; elle voyoit dans votre aïeul si respectable ses délices le plus chères ; elle voyoit dans votre père si pieux ses espérances les plus douces, et dans un clin d'œil, tout a disparu comme un songe ; ni la piété, ni l'innocence, n'ont pu retarder là-haut des malheurs si grands ; pour rendre l'instruction plus forte, avec son auguste mère, un tendre orphelin vient s'y joindre ; une même pompe funèbre, au milieu de nos sanglots et de nos larmes, les a tous conduits au tombeau, et la France dans un seul jour n'a fait qu'un même deuil de ce qui devoit faire son bonheur pour tant d'années.

Eh ! pourquoi Dieu s'est-il hâté de mettre ainsi sous vos yeux comme en abrégé, dès le commencement de votre vie, toute la fragilité de la gloire humaine, et jusqu'où peut aller son néant ? Pourquoi a-t-il frappé, dès vos premiers jours, et dans ce que vous aviez de plus cher, des coups qu'il ne frappe ordinairement que dans la succession de plusieurs siècles ? et ne vous a-t-il élevé au comble de la grandeur que par l'exemple le plus inouï et le plus lamentable de sa vanité, sinon pour vous apprendre, ô précieux reste de tant de Rois, qu'il n'y a de grand, de vrai, d'immuable et d'éternel que Dieu ; sinon pour imprimer plus profondément dans votre âme le mépris du monde et tout son néant ; sinon pour armer d'avance votre cœur contre le charme de la grandeur, et pour vous défendre de ses dangers par l'image la plus vive de son inconstance ; pour vous dire, enfin, qu'il n'y a dans les Grands que la piété qui soit durable, qui ne soit pas sous l'empire du temps, qui échappe à ce torrent impétueux qui emporte ici-bas, avec une rapidité si extrême, et les Peuples, et les Rois, et les Empires, et le monde lui-même ; qu'il faut placer vos désirs plus haut, dans un asyle plus inaccessible, et qu'enfin puisque sous la main suprême de Dieu tout s'écroule, tout fond, tout disparoît, tout s'évanouit, tout est ruineux, tout est périssable, vous devez donc vous attacher uniquement à ce Maître aimable, seul digne de votre cœur, seul capable de vous fixer, seul immuable et immortel au milieu de la décadence de tout le reste, et qui, seul étant quelque chose, mérite seul d'être aimé?

Profitez, Sire, d'une leçon si grande. Plus Dieu a sacrifié pour vous la donner, plus vous devez en faire usage pour le salut. Quelque long, quelque glorieux que soit votre règne, et s'il est réglé sur nos vœux, il sera le plus long et le plus glorieux des règnes, occupez-vous sans cesse de l'idée de sa vanité. Uni à Dieu, fixé à Dieu, sous sa main et dans son ordre, considéré dans la sphère sublime où la Providence vous a placé pour être ici-bas le coopérateur de ses grâces, l'exécuteur de ses desseins sur les enfans des hommes, sanctifiant votre âme et les peuples qu'il vous a confiés; dans ce point de vue, que vous êtes grand! Mais séparé de Dieu et regardé uniquement dans la gloire humaine qui vous environne, quel est votre partage? la vanité et le néant. Ah! pour donner à votre grandeur de la réalité et de la durée; rapportez-la donc toute entière à Dieu; vivez pour Dieu, régnez pour lui, faites-le vivre et régner dans votre âme, et de la bouche de votre cœur, écriez-vous avec ce Roi de l'Ecriture que Dieu, le préférant à tant d'autres, avoit pris aussi, comme par la main, pour l'élever sur le trône.

O mon Dieu! pourrois-je me laisser éblouir à cet éclat trompeur de ma couronne. *Tua est gloria*, toute la gloire est à vous; c'est votre bien; vous l'ôtez et vous la donnez à qui il vous plaît; j'en suis une preuve si touchante. *Tu solus Rex*, au milieu de nos empires il n'y a que vous de Roi, nous ne sommes nous-mêmes que vos sujets et vos esclaves; seul du haut du ciel vous agissez sur les Etats et sur les Rois d'une manière souveraine et dominante. *Quis ego sum*?

Auprès d'une majesté si adorable, si immortelle, que suis-je donc : *Peregrinus et advena sicut omnes patres mei*, je suis sur le trône, ainsi que tous les Rois mes pères, un étranger qui passe, un voyageur qui ne doit point aimer un lieu où personne n'est fixe. *Et dixi : serviam tibi*, dans cette conviction profonde de la vanité et de ma grandeur même, j'ai formé dans mon cœur une résolution sincère de vous servir, de vous craindre, de vous aimer. O grandeur immuable et éternelle : *Custodi hanc voluntatem meam*, je sens combien dans une jeunesse extrême il est difficile à un Roi d'être fidèle à cette résolution ; ah ! conservez-la moi, Seigneur, par votre grâce : affermissez-moi dans le projet que je fais ici, à la face de ces autels, d'être à vous jusqu'au dernier moment de ma vie. D'autres Rois vous demanderont des succès, des prospérités, des victoires, je vous demande ma sanctification ; à la place des triomphes, donnez-moi des grâces ; aimez-moi moins pour ma gloire que pour mon salut. Je serai un Roi pieux ; j'aurai assez d'être un Roi pieux ; j'aurai assez de prospérités si j'observe vos divins préceptes ; la gloire du trône, déjà si passagère, n'est souvent pour les Princes qu'un piège et une tentation ; que par le mépris que j'en aurai, que par le saint usage que j'en ferai, elle devienne pour moi un moyen de salut, et une voie pour arriver à la gloire éternelle.

SERMON

POUR

LE JOUR DE PAQUES

Dixit eis : Surrexit.
« Il leur dit : Il est ressuscité
(*Ev. S. Marc*, chap. 16.)

SIRE,

Que ces paroles sont consolantes pour une âme qui vit de la foi ! et qu'il lui est doux après s'être tant affligée sur la mort de son divin Sauveur de pouvoir aujourd'hui avec confiance s'abandonner à la joie sainte de sa glorieuse résurrection ! Et certes dans ce premier jour du monde nouveau qu'éclaire une lumière invisible et éternelle ; dans ce jour le plus grand, le plus saint, le plus heureux de tous les jours ; dans cette auguste solennité qui les renferme et les consacre toutes ; dans ce mystère universel qui comprend seul la foi, la vérité, la grâce, et l'esprit de tous les autres mystères ensemble ; soit qu'une âme fidelle jette les yeux sur Jésus-Christ, soit qu'elle se regarde elle-même, que de motifs solides de consolation et de joie !

Celui qui s'immola pour elle sort vivant du sein du tombeau, il se rend en maître à lui-même une vie qu'il avait quittée volontairement ; le scandale de sa croix est tout changé en l'appareil d'un triomphe ; il sort de la ressemblance du péché pour rentrer dans la majesté de son père ; son corps sacré paraît hors du tombeau comme un trophée d'honneur et un signe de victoire ; il en efface pour jamais cette image de mort imprimée sur sa chair passible ; tout ce qui naissoit en lui au fond de notre infirmité, se trouve absorbé par les qualités glorieuses du nouvel homme ; il dépouille l'enfer, il désarme le démon, il anéantit le péché, il assujettit la mort, il met la vérité de sa religion hors d'atteinte à l'imposture, il l'attache à un événement qu'il rend exprès d'une certitude invincible ; son sacrifice est consommé, sa divinité reconnue, un seul trait répare en lui toute l'ignominie de ses souffrances, un seul moment le voit passer d'une abîme de confusion au comble de la félicité et de la gloire. Ah ! une âme fidelle qui aime son Dieu pourrait-elle jamais se lasser de l'entendre, cette parole de bénédiction : *Surrexit*, il est ressuscité ? Et quand Jésus-Christ par sa grâce la lui dit intérieurement avec ce goût divin, avec ces consolations tendres dont il sait l'accompagner, peut-elle se suffire à elle-même ? Se trouve-t-elle assez de cœur pour sentir tout ce qu'elle voudroit ? et ne s'écrie-t-elle pas avec le Prophète : Mon Dieu, selon la multitude de mes douleurs vos consolations m'ont inondée, et en vous éveillant vous m'avez comblée de joie ?

Pour nous, il le faut dire, dans ce grand jour qui pourroit aussi nous sanctifier, nos dispositions ne sont pas les mêmes. Nous en réduisons tout le fruit à une joie naturelle et sensible, qui vient plutôt d'un état de vie plus doux, que d'un projet de vie plus saint, et cette Fête si vénérable est pour vous une cérémonie sans fruit et une solennité sans suite.

D'où vient donc, mes frères, d'où vient qu'au lieu de recueillir de notre Chef ressuscité cet esprit et cette vie dont il voudroit nous animer, nous aimons mieux, comme ces morts éternels, demeurer immuables dans le sépulcre du péché et dans la corruption de nos désordres ? Ce malheur vient de ce que nous n'avons jamais bien connu ni les voies, ni les avantages de cette vie nouvelle que nous vient offrir Jésus-Christ. Sentons-les donc aujourd'hui et, pour les mieux comprendre, suivons en peu de mots et en forme d'homélie l'Evangile de ce grand jour ; découvrons-y, d'abord dans les démarches, et ensuite dans le bonheur de ces femmes pieuses qui cherchent leur divin Sauveur, premièrement, par quelles voies on doit aller à la vie nouvelle de Jésus-Christ ; en second lieu, quels avantages en reçoivent ceux qui ont le bonheur d'y atteindre. Cherchez Dieu, disoit le Prophète à un roi d'Israël, et je vous le dis ici, Prince auguste, cherchez Dieu ; et pourquoi ? *Quia ipse est vita tua ;* parce que Dieu est votre vie, il vous l'a donnée, il vous l'a conservée, il vous la continue. En ce jour solennel, il la consacre, il la purifie, il la renouvelle, il la sanctifie. Qu'aujourd'hui je puisse vous dire : Dieu est votre vie ; cherchez-le donc avec plus d'effort, et puisqu'il vient à vous avec plus d'amour, allez à lui avec plus de tendresse. Nous vous demandons, ô mon Dieu ! cette grâce pour lui, et les lumières de votre Esprit.

Premier Point

SIRE,

Les voies les plus propres pour arriver à cette nouveauté de vie qui fait en ce saint temps la véritable conversion, sont un vif empressement de retrouver ce Dieu aimable qu'on a perdu ; ensuite le choix d'un guide fidèle qui nous y condui-se. Or, ces voies saintes nous sont tracées successivement par les femmes pieuses de notre Evangile. Elles paroissent transportées dans l'empressement qu'elles ont de revoir leur divin Sauveur, et elles s'adressent à un ange pour s'instruire des moyens de le retrouver. Que votre miséricorde est grande, ô mon Dieu ! de prévoir dès lors nos malheurs, et de nous ménager dans leurs démarches un chemin si sûr à la conversion !

Et d'abord, même avant le jour, dit l'Evangile, ces saintes femmes coururent pour chercher Jesus ; elles sont inquiètes et embarrassées de se voir sans lui ; elles sentent bien qu'elles ne sauroient s'en passer ; il peut être mort pour tout le monde ; il vit plus que jamais dans leur cœur ; tant qu'elles le sauront sur la terre, elles voudront le posséder ; elles préparent des parfums, elles disposent des onctions ; leur ardent amour ne sait comment se satisfaire ; leur empressement est si généreux qu'il produit en elles un oubli entier de leur foiblesse, de leur condition, de leur vie même ; tout leur est indifférent hormis Jésus-Christ ; et elles croient que si elles peuvent le trouver elles seront plus heureuses mille fois qu'un roi ne l'est par la conquête de tout un monde : *Cito venerunt valdè manè.*

Ces jours sacrés, Grands du monde, ont-ils vu en vous cette activité sainte ? Hélas ! tout vous intimide, tout vous arrête, vous n'apportez ici à Jesus-Christ qu'un cœur éteint et abattu, un esprit lâche et indifférent, une ame dégoûtée et assoupie ; il aura couru après vous avec la plus tendre sollicitude, vous n'avez pour lui qu'une molle pesanteur ; votre cœur double et partagé n'y semble aller que par la moindre partie de lui-même. Vous cherchez Dieu comme on le perd, par la langueur et la paresse. Dans la même carrière où l'ame fidèle court, vous hésitez, vous vous arrêtez, vous comptez vos pas, vous regardez en arriere. Il est vrai, à l'occasion de ces grandes solennités où les plus morts semblent donner quelque signe de vie, vous avez laissé voir des desirs de conversion ; une conscience encore timide vous a fait rougir de votre état ; vous auriez été confus, lorsqu'autour de vous tout gémit, tout se renouvelle, de demeurer seul inflexible dans la corruption de vos voies ; mais en vérité, peut-on dire que vous ayez cette activité sainte que Dieu demande ? Où sont les vrais efforts que vous avez faits ? Qu'avez-vous sacrifié pour vous attacher à ses traces ? Quelles preuves votre cœur interrogé peut-il vous donner qu'il le cherche ? Où sont en vous ces dégoûts du siècle, cette horreur pour tout ce qui vous a fait perdre Jesus-Christ, cet amour des saintes voies qui peuvent seules vous les rendre ?

Ah ! il voit sans doute, lui qui sonde le fond des ames, qu'il n'est presque rien en vous, il connoît, lui qui, selon le Prophète, pese le feu et froid des cœurs, que toute ardeur pour lui est éteinte dans le vôtre, que vous craignez, ce semble, de le retrouver, que vous avez pu aisément vous consoler de sa perte ; il voit enfin que vous n'avez aujourd'hui en revenant à lui ni ferveur, ni empressement, ni sollicitude. Cependant, que personne ici ne s'abuse, ce n'est qu'à cette activité sainte qu'on peut reconnoître en ce saint temps la véritable conversion ; tout ce qu'il y a eu de pénitens sinceres dans l'Eglise a été vif et empressé : *Pœnitentes ferventiores innocentibus*, dit saint Gregoire.

L'innocence est plus tranquille dans la main divine qui la soutient ; elle contemple, elle goûte, elle possède, elle jouit ; toutes ses fonctions sont paisibles ; elle n'a ni pertes à réparer, ni efforts de charité à faire, ni mérite à regagner par un redoublement de zèle ; comme elle n'a jamais quitté Dieu, il ne lui faut que de la persévérance, et ayant plus besoin de s'entretenir que de se renouveler, elle jouit sans violence du fruit de sa fidélité, et marche en repos dans la voie de la vérité qu'elle n'a point interrompue, et plaise à Dieu, prince auguste, plaise à Dieu de vous faire jouir long-temps d'un privilège si doux ! l'innocence est un trésor pour vous plus précieux que votre couronne.

Mais pour la pénitence, ah ! elle revient à Dieu de si loin ! sans effort elle ne le pourroit atteindre. L'expérience des maux qu'on souffre dans sa privation hâte ses désirs vers lui ; elle revient toute affamée, toute altérée de cet objet aimable que tout le reste a si mal remplacé. Il y a dans la pénitence je ne sais quoi de plus vif et de plus tendre, qui lui vient du sentiment des miséricordes de Dieu et de l'attrait de sa grâce, qui la presse, qui l'excite, qui l'enlève, et lui fait regagner par l'impétuosité de sa course ce que lui fit perdre l'égarement.

Ainsi David converti dit que son cœur sort de lui-même ; ainsi la pécheresse, dès qu'elle est touchée, devient servante ; ainsi la Samaritaine passe subitement de toute la chaleur du vice à toute l'ardeur de la charité ; ainsi Saul, dès que le trait céleste a blessé son ame, est entraîné par une violence sainte qui le presse. Tel a été dans tous les temps le grand caractère du retour vers Dieu ; telle est encore la voie de ce peu de vrais pénitens qui consolent aujourd'hui l'Eglise ; ces pauvres captifs, se trouvant dégagés en ce saint temps des liens si pesans de leurs crimes, aiment à courir transportés vers leur divin libérateur. Dieu est l'unique bien, le seul amour de ces ames renouvellées ; elles sentent bien qu'avec Jésus-Christ on leur avoit ravi ce qui leur étoit le plus nécessaire ; elles s'unissent comme aujourd'hui Magdeleine aux personnes saintes et pieuses pour s'entr'aider à chercher Jésus-Christ dans une société plus chrétienne : *Et cum essent invicem.* Ni ces ténèbres si épaisses qui couvrent aujourd'hui la face du monde, et y cachent partout le Sauveur, *cum tenebræ essent ;* ni l'appréhension des mondains, qui après l'avoir fait mourir dans le cœur des justes, l'y gardent, pour ainsi dire, et par leurs railleries, leur impiété, leur scandale, voudroient l'empêcher d'y ressusciter et d'y prendre une vie nouvelle, *et erant custodientes sepulcrum;* rien de tout cela ne peut ralentir l'ardeur des ames ferventes, et elles ont pour recouvrer Jésus-Christ cette plénitude de volonté, qu'elles avaient eu pour le perdre, *cito venerunt valdè manè.* Imitez-les, mon cher auditeur ; hélas ! vous pourriez revenir à Dieu avec moins d'effort et de sollicitude si vous en étiez moins séparé. Vous le savez trop, Grands du monde, vous êtes les brebis de son troupeau les plus égarées et les plus perdues ; par un excès d'ingratitude qui vous devroit ici faire fondre en larmes, vous vous êtes servis, pour vous éloigner de votre Dieu, de tout ce qui aurait dû vous y attacher davantage. Soyez donc aussi animés dans la conversion, que vous le fûtes dans le désordre ; transformez-vous dans les bienheureux sentimens de ces femmes si généreuses, et comme elles cherchez Jésus-Christ avec cet esprit de feu, avec ce cœur enflammé dont après tout un si grand objet est bien digne, *cito venerunt valdè manè.*

Mais à quoi serviroient ces premières dispositions, si pour trouver Jésus-Christ vous ne vous adressez encore à un guide fidèle qui vous y conduise ? Car voilà la seconde demande de ces saintes femmes et le second pas d'une sincère conversion.

A peine au jour, dit l'Evangile, tant elles avoient hâté leur pas, elles arrivent au tombeau, elles y entrent, elles en parcourent les plus secrets réduits, et n'y trouvant plus leur Dieu, désolées, elles s'adressent à l'Ange du Seigneur pour le conjurer de les y conduire.

Et voilà ce que vous ferez si jamais l'amour de Jésus-Christ vous presse. En ce saint temps, retournant à votre cœur vous y entrerez, vous ne vous contenterez plus de jeter un coup d'œil dans votre conscience, d'y porter des regards timides et échappés. Vous descendrez tout entier au fond du sépulcre :

Introeuntes in monumentum ; vous y parcourerez toutes vos pensées, tous vos désirs, tous vos sentimens, toutes vos actions ; vous y examinerez, Grands du monde, l'usage que vous avez fait de vos biens, de vos dignités, de votre grandeur, de votre puissance, vos devoirs comme Prince, comme Roi, vos obligations envers Dieu, vos sujets, vous-mêmes ; enfin, vous porterez le flambeau jusque dans les plus sombres replis de votre cœur, jusques dans les intentions les plus secrètes de votre âme ; et dans tout cela ne trouvant plus Jésus-Christ, *et non invenerunt ;* ne voyant en vous que la place bienheureuse où d'abord il avoit été mis par la grace du baptême, *locus ubi positus fuerat ;* vous irez à l'ange visible du Seigneur, au Ministre de la pénitence, et après l'aveu sincère de vos égaremens, vous le conjurerez de vous redonner votre Dieu et de vous montrer où il est : *Dicito ubi est.* Vous imiterez ces saintes femmes jusques dans le caractère du guide que vous choisirez ; loin d'en prendre un au hazard, et toujours le moins réglé et le moins habile, vous choisirez un homme dont la vie pure ressemble à la blancheur de la neige : *Vestimenta ejus alba ut nix ;* un homme dont l'esprit éclairé exprime la lumière d'un éclair : *Facies ejus ut fulgur ;* un homme qui d'abord par l'exactitude de sa morale, par des remontrances vives, par de saintes frayeurs sur les jugemens éternels, ébranle votre cœur endurci, fasse, comme aujourd'hui l'Ange, trembler la terre devant lui : *Factus est terræ motus ;* un homme, qui avec un saint courage et un zèle plein de force, vous représente toute l'horreur de votre vie, vous étonne salutairement : *Et obstupuerunt ;* vous fasse baisser les yeux par la consternation où vous mettra l'état affreux de votre ame : *Et mente consternatæ oculos declinaverunt in terram ;* mais qui bientôt compatissant à votre faiblesse, songeant à la sienne, oubliant qu'il est

Juge pour se souvenir qu'il est père, accordant les égards que demande l'infirmité de l'homme avec les droits qu'exige la justice de Dieu, vous rassure, vous console, vous fasse sentir qu'autant vos péchés ont dû vous causer d'effroi, autant les bontés du Seigneur vous doivent inspirer de confiance : *Et dixit eis : nolite expavescere ;* et il leur dit : ne craignez plus ; un homme qui sachant Dieu, comme dit l'Ecriture, et où il habite, ose vous dire comme aujourd'hui l'Ange : *Scio quod Jesum quœritis ;* ah ! je sais qu'avec un cœur droit et sincère vous cherchez en ce saint jour Jésus-Christ. Mais, hélas ! jusqu'ici vous l'avez si mal cherché. Vous avez cru pouvoir le trouver, Grands du siècle, dans les pompes du monde, dans les distinctions de la vanité, dans l'amour des plaisirs et de la gloire, dans la recherche des plus hautes places, dans le vuide et l'oisiveté d'une vie molle et indolente : *Non es hic* ; il n'est pas là. Vous avez cru qu'il pourroit être dans ces conciliations délicates qu'on fait ici du monde avec Jésus-Christ, dans cette vie des sages du siècle où l'on ne veut ni offenser Dieu, ni lui plaire, où l'on n'ose ni combattre ses passions, ni charger sa conscience, ni être l'édification de ses inférieurs, ni devenir leur scandale, n'ayant qu'une religion esclave et timide qui aime encore le mal qu'elle ne fait plus, et hait même le bien qu'elle opère : *Non es hic* ; il n'est pas là. Vous avez cru qu'il pourroit être dans cet assemblage bizarre de pénitences et de déréglemens, dans ces alternatives continuelles de vices et de vertus, dans ce mélange monstrueux de bons désirs et d'actions mauvaises, dans ce milieu funeste qui abandonne quelque chose à Dieu et ne refuse rien au monde, qui a ses momens pour être fidèle, et ses momens pour ne l'être pas, qui voudroit bien accorder les satisfactions des sens avec la tranquillité de la conscience : *Non es hîc ;* il n'est point là. Vous l'avez cherché dans ces suspensions malheureuses où l'on ne sait, pour ainsi dire, ce que l'on est, où le cœur ne semble déterminé ni au bien ni au mal, où il va flottant tantôt d'un côté, tantôt de l'autre; chrétien aux grandes fêtes, profane dans les autres jours, hasardant à chaque instant le salut sans vouloir tout-à fait le perdre : ah ! il n'est point là, il n'y peut être, *non es hic.* Vous avez cru pouvoir le trouver dans l'assemblée des mondains, dans la compagnie des hommes profanes ; où alliez-vous chercher parmi les morts celui qui est la vie même ? *Quid quæritis viventem cum mortuis ?* Ah ! si vous voulez qu'il s'offre à vous, tous Grands que vous êtes, cherchez-le dans la prière, dans la retraite, dans l'humilité, dans la mortification, dans la pénitence, dans toutes les vertus où il a passé, hors de tous les vices qui le firent perdre, et bientôt il vous accordera le bonheur de sa présence, *et invenies.*

Oh qu'heureuse est une ame à qui Dieu dans sa miséricorde offre un guide de ce caractère ; et vous, ô Princes ! ô Rois ! demandez-le à Dieu comme le don le plus précieux qu'il vous puisse faire. Plus la route que vous tenez est difficile et périlleuse, plus vous avez besoin d'un homme sage pour vous y conduire sûrement ; du choix des Ministres de l'Etat dépend la gloire des Royaumes, et du choix du Ministre du Seigneur dépend le salut des Rois ; la flatterie ici surtout seroit nuisible et funeste, et si le Saint-Esprit demande tant de lumière, tant de vérité, tant de droiture, tant de zèle, tant de piété dans celui que le Prince choisit pour lui confier les secrets de son empire : que toutes ses qualités saintes doivent se trouver éminemment dans le Ministre qu'il choisit pour lui confier les secrets de sa conscience et de toutes les affaires sans doute la plus importante pour un Roi, et la plus sérieuse, celle de son salut et de la destinée éternelle de son ame !

Vous avez vu les voies à la vie nouvelle de Jésus-Christ, voyons-en les avantages.

Second Point

Et certes les plus doux avantages que trouve dans sa conversion une ame renouvellée, sont de ne rencontrer que d'heureuses facilités dans ce qu'elle avait regardé comme d'invincibles obstacles, de sentir tout ce qu'elle a souffert dans la recherche de son Dieu, abondamment récompensé par sa résurrection en elle, enfin de recevoir des gages assurés de le contempler un jour dans le royaume de sa gloire.

Or ces trois avantages pouvoient-ils mieux nous être exprimés, que dans ceux qu'offrent aujourd'hui ces saintes femmes de notre Evangile ? D'abord cette pierre si pesante qui fermoit le sépulcre de Jésus-Christ parut à leur pieux dessein un obstacle insurmontable ; elles arrivent, et la pierre se trouve levée sans qu'il leur en coûte le moindre effort : *Invenerunt revolutum lapidem*. Ensuite elles se fussent trouvées heureuses de pouvoir embaumer son corps, et par un surcroît de bonheur l'Ange leur apprend sa résurrection triomphante : *Dixit eis : surrexit*. Enfin, comme cette douleur qui avoit tant pleuré Jésus ne pouvoit être bien consolée que par Jésus même, on leur assure que bientôt elles le verront et le contempleront dans la majesté de sa gloire : *Ibi eum videbitis*.

Ah ! que peut goûter de plus doux en cette misérable vie une âme faite pour Jésus-Christ ? Mon Dieu ! ces avantages sont si aimables, et cependant ils ne sauroient toucher notre insensibilité qui l'a rendue si impénétrable.

Et d'abord, mon cher frère, je le sais, touché en ce saint

jour, où tout est impression de grâce, vous vous êtes dit à vous-même au fond du cœur : Ah ! il faudroit bien à cette fois revenir enfin à mon Dieu ; il y a si longtemps que je demeure dans sa haine ; mais, hélas ! quelle apparence de surmonter cette longue habitude au mal qui m'a passé comme en nature, et qui ayant endurci mon cœur en a fait sur moi comme une pierre pesante : *Quis revolvet lapidem ?* Encore, si je n'avois en moi que les attraits du vice ; j'ai à y vaincre les horreurs même de la piété ; je me sens un si grand fonds d'aversion pour elle, à son idée seule tous mes sens révoltés frémissent ; qui dissipera ces oppositions, elles ne peuvent être plus fortes ? *Quis revolvet lapidem, erat enim magnus valdè ?*

Ah ! Chrétiens, pourquoi vous intimider ainsi vous-mêmes ? Ces frayeurs ne sont pas de Dieu, mais de l'ennemi de sa miséricorde ; qu'il tremble lui-même quand il verra votre cœur s'attendrir ; qu'il s'allarme d'une pénitence qui va lui arracher sa proie. Vous, pourquoi vous effrayer d'une conversion qui sera seule le bonheur et le repos de votre vie ? La piété, je l'avoue, a ses violences, et puisque Jésus-Christ ne promet son royaume qu'à la mortification, je n'ai garde de le faire espérer à la mollesse. Mais ces difficultés, quand le cœur ne quitte pas la voie du salut, qu'il y marche avec confiance comme ces saintes femmes, qu'il fait aller devant lui une foi vive, une espérance ferme, et un désir sincère de plaire à Dieu, s'évanouissent comme un phantôme : *Invenerunt revolutum lapidem.*

Et là-dessus, si vous refusez de nous croire, interrogez ici, car il en est sans doute, interrogez une de ces âmes renouvelées, qui dans le même monde, dans la même cour où vous vivez, ayant trouvé pour la conversion les mêmes difficultés que vous, ont eu la douce consolation de les voir enfin levées, et dégagent la foi des promesses de Jésus-Christ sur les facilités de la conversion sainte : *Interroga et dicet tibi ;* ah ! elle vous dira qu'elle a bien éprouvé que le plaisir, comme la gloire de Jésus-Christ, est de changer en d'heureuses facilités la peine qu'on croit rencontrer à vaincre l'habitude au vice, que presque dès le premier pas elle a senti ses allarmes se tourner en consolation, qu'elle a de la peine à se reconnoître, qu'elle se cherche elle-même, et ne se retrouve plus, qu'elle avoit comme vous sur le cœur un poids d'autant plus funeste, qu'il lui plaisoit en l'accablant, un objet criminel qu'elle désespéroit de vaincre, que cependant il en est sorti comme de lui-même, que cette pierre si pesante, qui fermant le sépulcre de Jésus-Christ, empêchoit la lumière sainte d'y entrer, n'a pu être levée sitôt que par une main céleste, qu'enfin la grâce a une vigueur sainte, un charme innocent, une suavité victorieuse, qui élève sans peine ce que la faiblesse humaine ne peut remuer, qui l'emporte sur les passions du cœur, qui rend la pénitence plus douce que les plus sensibles voluptés, et fait qu'aux pieds de Jésus-Christ une âme attendrie aime encore plus ses larmes et ses douleurs que toutes vos joies ensemble : *Invenerunt revolutum lapidem.* O plût à Dieu, âme pécheresse, plût à Dieu que vous voulussiez l'expérimenter, et ne croire là-dessus que vous-même ! Oui, comme vous le dites, la piété est triste, inquiète, accablante, mais essayez-la ; c'est le joug sans douceur, et un poids que rien ne soulage, mais essayez-la ; elle n'offre qu'ennui, que dégoût, qu'amertume, mais essayez-la ; on n'y trouve ni joie, ni plaisir, ni consolation, ni délices, mais essayez-la. Ah ! si vous l'éprouviez une fois, que vous seriez bientôt gagné par ses charmes, que bientôt vous sentiriez que le fardeau de Jésus-Christ rend trop heureux ceux qui le portent, et qu'enfin si la piété a quelque peine, cette peine est bien payée par celui qui, entrant à la place de tout le reste, apporte seul plus de bonheur que toutes les voluptés ensemble, et nous donne cette joie si touchante de pouvoir nous dire à nous-mêmes : Jésus-Christ est ressuscité en moi et moi en lui : *Dixit eis : surrexit.*

Car voilà en ce saint temps le second avantage de la conversion. On sent que ce Dieu aimable qui ne respiroit plus dans notre cœur, et qui avec lui y avoit laissé dans la mort toute piété, toute vertu, toute religion, toute espérance, y est redevenu vivant ; qu'il n'y a plus rien en nous du sépulcre ; que ce germe divin influe dans tous nous-mêmes la résurrection et la vie, et que l'homme nouveau, comme le nomme l'Apôtre fait au-dedans et au-dehors de nous un renouvellement universel : *Novus homo renovat omnia.*

Alors en nous nouvelles pensées, nouvelles idées, nouveaux jugements, nouveaux projets, nouvelles maximes, nouvelles intentions, nouveaux principes ; voilà pour l'esprit. Nouvelles affections, nouvelles joies, nouvelles tristesses, nouvel amour, nouvelles aversions, nouveaux goûts, nouveaux désirs, nouvelles craintes, nouvelles espérances, nouveaux penchans, nouvelles passions : voilà pour le cœur. Nouveaux soins, nouvelles affaires, nouvelles occupations, nouveaux commerces, nouveaux yeux, nouvelle langue, nouveaux discours, nouveaux sens, nouvelles actions, nouvelle vie ; voilà pour le corps : *Novus homo renovat omnia.*

Tout ressuscite en nous, par cette nouveauté de la vie que nous imprime Jesus-Christ. On se sent une ame nouvelle ; on est comme créé une seconde fois ; ce n'est plus nous qui vivons, c'est un autre plus grand, plus saint que nous, qui vit en nous ; il a, ce semble, pris notre place ; il voit, il parle, il agit, il aime, il vit en notre personne, par l'image invisible de sa renaissance : *Dixit eis : surrexit.*

Ah ! cet avantage est doux sans doute ; mais, qu'a-t-il de comparable à celui que nous ressentons, quand, après la conversion, on nous assure que ce Dieu qui est ressuscité en nous, nous le verrons bientôt en Galilée, c'est-à-dire dans le séjour bienheureux du ciel, où, comme notre Chef, il nous précede : *Præcedet vos in Galilæam, ibi eum videbitis.* Mon Dieu ! que ces dernières paroles de notre Evangile renferment de biens ! Là vous le verrez. Oui, tandis que la persévérance dans le mal ne prépare aux mauvais Princes, aux mauvais Rois, qu'un avenir plein de misère, et la perte irréparable de leur Dieu ; la piété sainte, la vie nouvelle, fait reposer dans le cœur d'un Prince religieux une espérance heureuse de posséder un jour Jesus-Christ. Il se fait maintenant sentir au cœur, mais il se dérobe à la vue ; alors, citoyens immortels de la Jérusalem céleste, nous le contemplerons face à face. Ames pieuses, qui au milieu même de la Cour et du plus grand monde, lui demeurez toujours fidèles, vous ne pouvez ici que l'aimer, que le goûter, que le désirer, que l'attendre ; ah ! vous verrez en lui-même ce Dieu si bon qui se sera toujours caché sur la terre en vous comblant de ses biens. Ce doux objet qui, absent, aura fait ici vos délices, présent, consommera votre bonheur ; et ce bonheur vous est d'autant plus assuré qu'il l'a prédit de loin, comme on fait les grandes choses, et qu'il est fondé sur l'immobilité de ses divines promesses : *Ibi eum videbitis sicut prædixit vobis.*

Et voilà, Sire, le bonheur que selon mes forces j'ai essayé de préparer à Votre Majesté durant le cours de cette carrière sainte. Mais parce que la piété est un don de Dieu, à l'exemple de ce Roi d'Israël, humblement prosterné à ses pieds, demandez-la lui avec instance, et de tout le sentiment de votre cœur, écriez-vous : *Deus patrum meorum*, ô le Dieu de mes pères : *et Dominus misericordiæ ;* vous qui avez fait éclater sur eux et sur moi tant de miséricorde : *respice in me ;* daignez jeter sur moi, sur votre ouvrage, sur votre enfant, un seul regard ; le pourrez-vous sans en être touché de compassion ? Hélas ! que je suis à plaindre ! *Puer sum tenuis ;* je suis un Prince si jeune encore. *Et tu eligisti me Regem ;* et dans les circonstances les plus touchantes, vous m'avez choisi pour être Roi. *Noli me reprobare ;* Seigneur, ah ! que ce ne soit pas pour ma réprobation ; tant de périls attachés à la jeunesse, quand elle est jointe à la royauté, me le font craindre. Pour m'en préserver, *da mihi de altissimis assistricem sapientiam ;* si vous m'aimez, si je vous suis cher, envoyez-moi du plus haut des cieux la sagesse sainte, et la piété pour être ma garde fidelle, pour être ma compagne inséparable ; qu'elle assiste sans cesse auprès de mon trône, qu'elle y monte avec moi, qu'elle y regne, qu'elle préside à tous mes conseils, qu'elle soit l'ame de mon empire. Et pourquoi ? *Ut regam populum meum in justitia ;* afin que je gouverne mon Etat comme vous gouvernez le monde, avec justice, avec bonté, avec amour, avec miséricorde : *Et sciam quid acceptum sit apud te ;* que je démêle, quoique jeune, quoique Roi, ce qui vous plaît de ce qui vous offense : *Et ero dignus sedium patris mei ;* et que par là je me rende digne d'un trône que mon bisaïeul vient de remplir si glorieusement, d'un trône que mon père, s'il eût ainsi plu à votre amour, eût occupé si saintement, et qu'en les imitant mon peuple consolé croie retrouver en moi l'un et l'autre : *Et ero dignus sedium patris mei.*

Puissiez-vous Sire, et pour vous-même et pour nous, être exaucé dans une prière si sainte ! Puisse aujourd'hui le ciel s'ouvrir tout entier sur vous, et verser dans votre cœur toutes ses graces ! Puisse-t-il vous combler de ses bénédictions les plus saintes ! Puisse pour vous chaque jour être marqué par une faveur nouvelle! Puissiez-vous être aussi cher à Dieu que vous nous êtes cher à nous-mêmes! Puisse cet Arbitre souverain de la destinée des Princes, ajouter à vos années les années qu'il a ôtées à tant de personne si chères qu'il nous a ravies! Puisse ce Dieu, qui est aujourd'hui la résurrection et la vie, vous animer, vous vivifier, conserver précieusement vos jours, et pour finir par un souhait qui ne regarde que vous, puisse-t-il vous donner la vie de la grace, la vie du salut! Car jusqu'ici, ô mon Dieu! je l'avoue, mes prieres pour lui, quoique justes, ont été bien humaines, bien intéressées; elles étoient plus pour nous que pour lui-même; car enfin vous conjurer de nous conserver un Prince si cher, qu'étoit-ce vous demander, sinon de conserver à cette Cour ses délices, à la France son bonheur, son trésor, à l'Europe son amour, au monde son bonheur, à l'univers son enfant, à chacun de nous son pere? Mais qu'y avoit-il là pour son salut? Qu'y avoit-il pour son ame? Mes derniers vœux aujourd'hui s'élèvent; plus chrétiens et plus purs, il implorent pour lui une grace personnelle et plus propre, la grace de le sanctifier, la grace de le sauver, la grace non-seulement de nous le conserver, mais de vous le conserver à vous même; la grace d'en faire un de nos saints, un de nos élus, un de vos prédestinés. Vous écouterez, Dieu de miséricorde, un vœu si saint, que moi, que toute cette assemblée auguste, pleine d'amour pour son Roi, que ce Roi lui-même, aujourd'hui purifié dans les eaux de la pénitence, vous fait ici avec tant d'ardeur. S'il y faut joindre nos larmes, elles coulent devant vous pour vous toucher. Non, Seigneur vous ne rejetterez pas tant de piété, tant de religion, tant d'innocence, et après l'avoir fait vivre et régner saintement sur la terre, vous le ferez vivre et régner éternellement dans le ciel. C'est la grace que je vous souhaite, au nom du Père, du Fils et du Saint-Esprit.

AVERTISSEMENT

Nous *avons cru qu'à la suite de ces Sermons qu'on ne connaissait pas, on verrait avec plaisir le suivant, qui est du Père* Surian, *lequel a été imprimé parmi les* Sermons choisis pour les jours de Carême. Liege, 1738, 2 vol. in-12, *et qui est un des plus estimés de cette Collection.*

SERMON

SUR LE PETIT NOMBRE

DES ÉLUS

SERMON

SUR

LE PETIT NOMBRE DES ÉLUS.

Nemo ex vobis facit legem.
« Aucun de vous n'accomplit la loi. »
(*En saint Jean*, chap. 7.)

Faut-il chercher ailleurs, mes frères, que dans ces plaintes de Jésus-Christ, la preuve et la raison de cet oracle que le Seigneur m'inspire aujourd'hui d'annoncer ici à son peuple ? Beaucoup d'appellés, mais peu d'Élus : *Multi vocati, pauci vero electi.*

A ces paroles foudroyantes si capables de faire trembler la terre et de remplir le monde d'effroi, n'êtes-vous pas consternés, mes frères ? Beaucoup d'appelés, paroles d'abord consolantes ; mais ensuite, peu d'Elus ; vous et moi peut-être emportés dans une ruine générale, presque tous les hommes perdus : paroles formidables, et d'autant plus accablantes, que ce n'est ni un homme, ni un Ange qui les prononce, mais Dieu lui-même, qui, d'une vue infaillible et éternelle se représentant la destinée commune des hommes, découvrant les deux voies où ils marchent, la voie large où l'on se perd, toute couverte d'hommes, la voie étroite qui sauve, presque déserte et marquée par des vestiges bien rares, s'écrie étonné et dans l'allarme : Beaucoup d'appelés, et peu d'Elus : *Multi vocati, pauci vero electi.*

Mon Dieu ! quand on entend, quand on médite cette terrible vérité, en peut-on parler aux autres ? A son idée seule je vois presque toute la sainte antiquité dans le saisissement et l'épouvante. L'un n'a plus de paroles, l'autre pleure amèrement. Celui-là sent dans tous ses membres un tremblement universel ; dans celui-ci la crainte est si pénétrante, qu'elle l'empêche de respirer. Job si patient maudit le jour de sa naissance. David se croit précipité dans la profondeur d'un abyme. Jérémie voudroit que le sein de sa mère eût été son tombeau. Cette idée affreuse fait même agoniser un Dieu ; c'est elle qui dans le jardin des Olives le jette dans la défaillance, fait plier sa force, le rend triste jusqu'à la mort. Et comment après cela, pécheur misérable, aurai-je ici la force d'exposer à mes frères cette même vérité ? Vérité à laquelle se rapportent comme à leur centre les plus terribles vérités de la Religion, et qui seule peut leur donner la terreur qu'elles impriment.

Car enfin, quand j'envisage les suites affreuses de la mort, quand je considère l'appareil redoutable du jugement, lorsqu'en esprit je descends dans les enfers, ces spectacles divers m'allarment ; cependant si tout cela ne regardoit que peu de personnes, je me rassurerois de la grandeur du mal par le petit nombre des misérables ; mais lorsqu'en conséquence de cet oracle de Jésus-Christ, *peu d'Elus*, je pense que cette mort sera la mort éternelle de presque tous ceux qui m'écoutent ; que ce jugement sera la condamnation de presque tous les Chrétiens qui m'environnent ; que cet enfer sera la demeure fixe de presque tous ceux avec qui je vis, à qui je parle ; quand, je songe que peut-être c'est-là mon sort et mon partage j'avoue que je ne suis plus maître de ma frayeur. Tout m'afflige ; tout me dégoûte sur la terre ; et je me trouve à plaindre d'avoir à vous parler, quand je ne me sens disposé qu'à la douleur et aux larmes.

Faisons effort cependant ; votre insensibilité le demande. Quelque décisive que soit cette vérité, presque personne n'y pense ; tous s'endorment dans un repos mortel, et rien n'est plus du devoir d'un Ministre évangélique, que de s'élever contre l'assoupissement général qui tient sur ce point tous les hommes. Beaucoup d'appelés, mais peu d'Elus : *Multi vocati, pauci vero electi.* Mais pourquoi peu d'Elus ? Appliquez-vous, mes chers frères, aux preuves de cette vérité, elles sont aussi terribles que cette vérité même : peu d'Elus ; parce que parmi vous il en est peu qui soient véritablement Chrétiens, moins qui soient sincèrement convertis ; presque point qui soient persévéramment justes. Reconnoissez-vous déjà l'illusion de vos pensées ?

Vous nous dites quelquefois : Comment ces paroles peuvent-elles avoir ce sens de rigueur qu'on leur donne) Il y a aujourd'hui tant de fidèles. Erreur grossière ! Peu qui soient véritablement chrétiens : première raison du petit nombre.

Mais, repliquez-vous, il y en a qui reviennent dans la suite à Dieu. Vaine ressource ! Peu qui soient sincèrement convertis : seconde raison du petit nombre.

Enfin, peut-on compter sur ceux dont le retour est sincère ? Autre illusion ! Parmi ceux-là même peu qui soient persévéramment justes : troisième raison du petit nombre.

Ainsi, soit que vous cherchiez les Elus de Dieu dans la sainteté du christianisme, ou dans la vérité de la conversion, ou dans la fermeté de la justice recouvrée, vous frémirez de voir l'acomplissement de cet oracle : Beaucoup d'appelés, peu d'Elus : *Multi vocati. pauci vero electi.*

Vous, ô mon Dieu ! dans un objet si triste, remplissez-moi de votre esprit ; et tandis que je leur parle, portez au fond de leur cœur la conversion et la pénitence : nous vous le demandons par l'entremise de Marie. *Ave Maria.*

Premier Point

Peu d'Elus, mes frères; mais pour porter dans votre esprit la conviction de cette vérité, n'attendez pas que j'emploie ici ces preuves étrangères et éloignées qui tant de fois vous ont allarmés. Non, je ne veux chercher la cause du petit nombre des Elus, ni dans les idées éternelles de Dieu que j'adore, ni dans ses immuables décrets que je révère, ni dans la justice de ses jugemens, profonds abymes que je n'ose sonder, ni dans les figures trop ressemblantes des Livres saints : Noé presque seul sauvé du déluge; Loth presque seul préservé des flammes, tout le reste abandonné à la colère de Dieu! Tristes figures, dit l'Apôtre, dont nous sommes les malheureuses vérités!

Je vous exposerai bien moins encore les autorités des Pères si abondantes sur ce point, si précises; de ces hommes si éclairés d'ailleurs des lumières de Dieu, si intéressés eux-mêmes à élargir la voie du ciel, à multiplier le nombre de ceux qui se sauvent, mais qui étoient forcés de le resserrer par une conviction invincible, et en qui l'amour de la vérité triompha de la compassion. Je ne m'arrêterai point ici à cette réunion de toutes ces preuves ensemble. Mon dessein est de vous montrer ce dogme terrible dans votre propre cœur.

Je n'employerai, pour vous convaincre, point d'autre preuve que vous-mêmes, point d'autre témoignage que vos mœurs, point d'autre autorité que votre vie; preuve intime, témoignage personnel, autorité propre, sensible et toute présente, et qui, naissant de vous, va former contre vous les plus tristes persuasions.

Et pour ne pas vous laisser trop longtemps dans l'attente sur l'éclaircissement de votre sort, je dis que dans l'Eglise (car c'est sur l'Eglise que Jésus-Christ a dit : peu d'Elus ; et il faudrait faire à ces paroles une violence extrême pour y faire entrer les idolâtres, les hérétiques et les infidèles) ; je dis donc que dans l'Eglise il y a peu d'Elus ; pourquoi ? parce qu'il en est peu qui soient véritablement chrétiens.

Et, en effet, qu'est-ce qu'un Chrétien ? Définissons-le moins par sa dignité que par ses devoirs ; moins parce qu'il a de glorieux que parce qu'il a d'indispensable : et puisqu'il tire ce nom auguste de Jésus-Christ son modèle et sa règle, pour savoir ce que doit être un chrétien, voyons ce qu'a été Jésus-Christ lui-même. C'est la voie la plus sûre d'éclaircir ici votre sort et de voir de quel côté vous êtes. Selon l'Apôtre, Jésus-Christ s'offre à son Père en trois manières différentes où il demande notre imitation, et où il daigne attacher notre élection éternelle : à l'égard de Dieu, état d'innocence ; à l'égard de lui-même, état de mortification ; à l'égard du monde, état de haine. Voilà, s'il se peut dire, tout Jésus-Christ et les traces de ressemblance que vous devez avoir avec lui ; c'est donc là aussi tout le Chrétien, tout le nouvel homme. Etudiez sur cela votre élection, dit l'Apôtre : *Ipsi vos probate*. Mettez-vous auprès du Sauveur ; voyez si par des imitations fidelles, il a passé tout en vous, s'il y vit, s'il y respire : *Vosmetipsos tentate*. Qui n'est pas son image, n'est pas son Elu ; et si vous ne l'exprimez point, vous vous réprouvez vous-mêmes. Mes frères, à cette idée seule, quelle foule de coupables disparoît du troupeau de Dieu ! que Jésus-Christ ici est établi pour la ruine de plusieurs ! et puisque si peu le suivent, combien peu le posséderont !

Je dis : 1° qu'un Chrétien, s'il ne souille le nom qu'il porte, doit mener à l'égard de Dieu une vie de sainteté et d'innocence. Or, sur cette regle, y a-t-il ici beaucoup de chrétiens? Les Elus de Dieu forment-ils ici le plus grand nombre? Quand du haut de son trône Dieu regarde cette assemblée, en découvre-t-il beaucoup qui soient à lui, qui menent à ses yeux cette vie de pureté, d'innocence? Hélas! aujourd'hui, où est la piété? *Defecit sanctus.* Tout est corruption, tout est désordre sur la terre! Qu'il y a longtemps que nous avons souillé cette robe de candeur! Qu'il y a longtemps que nous avons effacé de notre ame cette beauté si lumineuse, cette ressemblance si auguste que le baptême lui imposa! Autrefois l'innocence étoit un trésor si cher aux fideles, aujourd'hui elle semble peser au cœur; dès qu'on est capable d'une chose on l'abandonne. Comme ces lumieres subtiles qui ne brillent, ce semble, que pour égarer, notre raison ne s'est montrée que pour nous séduire.

Et encore si toujours la perte de l'innocence se faisoit sentir; mais combien la croyent où elle n'est point! Combien l'ont perdue sans le savoir! Combien s'imaginent légitimes des commerces qui sont criminels! Combien appelient fragilité ce qui est désordre! Combien se permettent la mollesse et le luxe, comme un privilège de leur état! Je pourrois produire mille autres illusions, et sur ces articles je serais véritable, quoiqu'il n'y en eût point où je ne parusse surprenant. Chacun presque a dans son cœur une séduction propre qui le réprouve, un sens réprouvé qui le damne, une corruption déguisée qui le perd. Dans la plupart la grace premiere se retire sourdement, imperceptiblement, même avec l'opinion qu'ils l'ont encore.

Mais que font à mon sujet des preuves si secrettes, si recherchées? La licence aujourd'hui a levé le masque. Les hommes aveuglés font à Dieu une guerre ouverte. A ce moment je crois entendre le Seigneur qui, dans le sentiment d'une douleur vive, me dit comme à Jérémie : Cherchez donc un objet à ma miséricorde. Parcourez les rues, allez dans les places publiques, voyez si dans la multitude vous trouverez un homme fidele digne de mon choix : *An inveniatis virum facientem judicium.* Pour obéir à cet ordre suprême, et pour suivre le détail que le doigt de Dieu semble n'avoir tracé que pour notre siecle, j'irai donc avec le Prophète chercher les Elus de Dieu où naturellement ils doivent être davantage : parmi les pauvres. Les pauvres, dit-ils, sont dans une ignorance absolue de leur devoir, leur vie n'est qu'un instinct et un penchant naturel au crime. Ils sont et plus malheureux et plus méchans tout ensemble : *Pauperes sunt et stulti et ignorantes viam Domini, judicium Dei sui.* J'irai chercher les Elus de Dieu parmi les riches du siècle ; triste ressource ! *Magis hi simul confregerunt jugum.* Les riches, dit-il, secouent plus témérairement le joug de la loi, du devoir, de la piété chrétienne. Toute leur personne n'est qu'un abus sacrilège des bienfaits de Dieu ; ils font de leur grandeur une idole à laquelle le reste des hommes est sacrifié, et leur vie n'est qu'une infraction plus hardie, plus outrée de toutes les lois et des engagemens sacrés de leur baptême : *Magis hi simul confregerunt jugum.*

Les Savans peut-être se trouveront à l'égard de Dieu dans une situation plus chrétienne. Hélas ! *Negaverunt Dominum, dixerunt : non est ipse*, poursuit toujours Jérémie. Eh ! qu'ici encore la ressemblance se soutient ! Ces hommes orgueilleux, pour avoir trop curieusement approfondi la Religion, l'ont perdue. Ils ont osé nier tout ce qu'ils n'ont pu comprendre. L'incrédulité, ce semble, est l'esprit du temps. Notre siècle, pour vouloir être trop philosophe, n'est plus chrétien, et le poison a passé des Savans au peuple : *Negaverunt Dominum, et dixerunt : non est ipse.*

Avec le Prophète, j'aurai recours encore aux dépositaires de la justice; inutilement: *Judicium pauperum non judicaverunt.* Dans la plupart, ce ne sont plus les loix qui jugent, mais les passions; on ne regarde plus les règles, mais les personnes. Toujours déterminés par des impressions étrangères, jamais par le fond d'une inviolable équité: *Judicium pauperum non judicaverunt.*

Que nos yeux se tournent donc vers le sanctuaire de Dieu; mais, hélas! que vois-je? La maison même du Seigneur prostituée à la vanité et à la mollesse. Pour quelques-uns qui répondent par leur vie à la sainteté de leur vocation, combien d'autres la déshonorent. La corruption a pénétré jusque dans la solitude même, la beauté des déserts s'est flétrie. Enfin la terre toute souillée pleure de se voir: *Luxit et elanguit terra.* Elle n'est plus aux yeux de Dieu qu'une grande playe et une corruption universelle. Un même nuage d'iniquité enveloppe tous les états, tous les sexes, toutes les conditions, tous les âges; et si au même endroit et après ces recherches vaines, Dieu, profondément affligé, me dit comme à Jérémie: Montrez-moi donc quelqu'un sur qui puissent tomber mes miséricordes, je souffre à les retenir: *Super quo propitius tibi esse potero?* Hélas! ne suis-je pas forcé de lui répondre, fondant en larmes; *Væ mihi*, malheur à moi, il n'y a plus de Saints sur la terre: *Defecit Sanctus.*

Venez, ô mon Dieu! au secours de votre Eglise. Jamais cet édifice céleste ne s'éleva si lentement. O nouvelle Sion! Religion sainte, que vous êtes défigurée! Etes-vous donc la même qui descendites du ciel portant dans votre sein un peuple d'Elus, et si féconde en justes? Nos beaux jours sont passés, voici le temps de votre tristesse; et c'étoit sans doute sur cette foule d'enfant rebelles qui vivent à l'égard de Dieu moins en chrétiens qu'en idolâtres, que Jésus-Christ prononça de loin cet anathème terrible : Beaucoup d'appellés, mais peu d'Elus: *Multi vocati, pauci vero electi.*

Or, vous qui m'écoutez (car sans cette application propre que chacun doit se faire à soi-même, les vérités générales seroient inutiles, et je ne veux pas que le démon vous séduise, comme ceux qui, faisant tomber leurs craintes sur des objets étrangers, s'exceptent tranquillement eux-mêmes, et avec une vie toute de réprouvé se promettent le sort des Elus), vous, dis-je, qui m'écoutez, voulez-vous savoir, mes freres, si vous êtes autorisés à vous placer ici avec le petit nombre ? Demandez-vous à vous-mêmes, si à l'égard de Dieu vous êtes chrétiens, c'est-à-dire, si vous menez à ses yeux cette vie de pureté et d'innocence que peu mènent. Je vis, dites-vous, comme tous les autres ; mais vous l'avez vu, tous les autres périssent, vous périrez donc. Quel titre, quel privilège, vous flatte d'une exception ? Je sais qu'elle vous est ôtée dans toute la suite des Livres Saints. Dans quel endroit découvrez-vous qu'elle vous soit donnée ? Grand Dieu ! plus on approfondit cette terrible vérité, plus elle imprime de crainte : et à qui ? Aux justes peut-être et aux Elus, tandis que les pécheurs et les réprouvés lui offrent un cœur intrépide.

2° A l'égard de lui-même, un Chretien, pour exprimer Jesus-Christ, doit mener une vie toute de mortification ; c'est la condition la plus essentielle de notre Religion. La Croix et Jésus-Christ sont inséparables. On perd l'un dès qu'on quitte l'autre ; et qui refuse cette mesure de peines que du haut du Calvaire il départit à ses enfans, renonce à cette portion de bonheur que dans le ciel il leur prépare.

Mais s'il en est ainsi, si la violence seule ouvre le ciel, si les Chrétiens, et par conséquent les Elus, ne se forment que dans la souffrance, en connaissez-vous beaucoup, et l'êtes-vous vous-mêmes ? Pouvez-ici lever la tête comme étant la gloire de

Jésus-Christ ? ou devez-vous vous confondre comme étant sa honte ? On entend partout le nom de Chrétien, mais qui de vous, par le combat de ses passions, a un droit réel et effectif à ce nom auguste ? S'il est rare de trouver dans le siècle de vrais héros, parce qu'il faut, pour mériter ce titre, combattre, vaincre, triompher, être au-dessus des obstacles, des évènements, des plaisirs, des disgrâces mêmes ; les vrais Chrétiens, ces héros de la grâce, ne sont-ils pas plus rares encore ; puisque pour remplir ce nom, il faut combattre ses sens, désarmer sa chair, vaincre son cœur, être supérieur à ses plus redoutables ennemis, qui sont notre corps, nos passions, nous-mêmes ? Et de là exagère-t-on, quand on s'écrie en gémissant, que le nombre des Chrétiens, et par conséquent des Elus est bien rare ?

En effet, un Chrétien aime la peine, et tous aujourd'hui sont ardens pour le plaisir. Un Chrétien vit dans la douleur, et tous ne respirent que la mollesse. Un Chrétien fait son sort des souffrances, la sensualité est votre partage. Un Chrétien sévère à lui-même fait une victime de son corps, et vous en faites une idole. Un Chrétien se doit la mortification comme un remède, et vous vous donnez avec plaisir tout ce qui peut servir à la volupté. Selon l'Evangile, le Chrétien est un homme qui se hait, votre amour-propre se donne, pour sa propre satisfaction, tout ce qu'il se demande à lui-même : est-ce là vous haïr ? Un Chrétien est un homme qui se perd ; vous, suivant en aveugle, tous vos penchans, vous êtes attaché opiniâtrément à vos pensées, à vos désirs, à vos sentimens, à vos commodités, à vos aises ; est-ce là vous perdre ? Le Chrétien est un homme crucifié, et depuis quand les joies et les délices seroient-elles montées sur la croix, où il n'y avoit encore que des souffrances ? Un fond de mollesse vous porte à tout ce qui peut flatter les sens ; est-ce vous crucifier ? c'est de nouveau crucifier Jésus-Christ, mais est-ce vous crucifier vous-mêmes ? Enfin, le Chrétien est un homme mort, c'est-à-dire, que durant la vie il ne prend pas plus de part aux plaisirs de la terre qu'il en prendra à la mort, et qu'un mort même en peut prendre ; et vous, je puis le dire à tous, montrez-moi en vous cette disposition. A la vue des plaisirs, tous vos sens s'animent, toute votre âme s'agite, tout votre cœur s'émeut, toutes nos passions vivent ; est-ce là être un Chrétien, un Disciple de Jésus en croix, par conséquent un Elu, un héritier de la gloire ?

O vous, Ministres des dernières vengeances du Seigneur, anges exterminateurs qui ne devez épargner que ceux qui auront porté sur leur front et dans leur vie l'impression du sang de l'Agneau, et le signe sacré de ses souffrances, si vous commenciez dès ce moment dans ce saint temple le ministère de votre fureur, que vous trouveriez à frapper, à immoler, à perdre ? Qui ne tomberoit sous vos coups ? Quelle action auroit sur mes auditeurs, et sur moi peut-être, le glaive vengeur ! Que de sang couleroit ici de toutes parts ! Quelle désolation ! quel carnage ! Combien ici éloignés des excès grossiers, mais attachés à une voie douce et commode, se croyent en sûreté, qui seroient vos premières victimes ; et que bien plus terriblement que nous, vous convaincriez les pécheurs de cette triste vérité que nous leur annonçons : Beaucoup d'appelés, peu d'Elus !

En troisième lieu, à l'égard du monde, un Chrétien à l'exemple de Jésus-Christ doit mener une vie de renoncement, de haine. Haïr le monde et être chrétien sont deux vérités inséparables : haïr Jésus-Christ ou se damner est une alternative nécessaire. Aussi, dans le baptême avez-vous déclaré au monde qu'il n'avoit plus de droit sur vous. Vous avez retiré votre nom de cette milice infâme, pour vous enrôler sous l'étendard de Jésus-Christ. L'espérance même aux biens immortels ne fut donnée qu'à des conditions égales et réciproques. Dieu vous promit son royaume, et vous jurâtes avec le monde un divorce éternel. Si dès lors vous aviez connu le monde, ce monde misérable, quelle force auroient eu vos promesses ! quelle énergie !

Mais qui de vous, après cela, peut se regarder sans trembler ? Vous tous qui m'écoutez, en vérité votre vie est-elle une exécution du grand vœu du baptême ? Sur quel point, à quel instant dit-elle anathème au monde ? Vos habits si somptueux sont-ils un renoncement aux pompes du monde ? Vos ruineuses superfluités sont-elles un renoncement aux modes du monde ? vos paroles pleines de médisances, de vanité, sont-elles un renoncement au langage du monde ? Ces vives saillies qui vous portent sans cesse si violemment vers les places les plus élevées sont-elles un renoncement à la gloire du monde ? Haïssez-vous le monde, quand vous ne cherchez qu'à vous enivrer de ses délices, qu'à nager dans ses plaisirs, qu'à vous oublier vous-même dans ses folles joies ? Haïssez-vous le monde, quand vous vous faites un art, une étude de lui plaire, et que vous êtes inconsolables de lui avoir déplu ; quand vous trouvez heureux ceux qui s'y élèvent, quand vous enviez le sort de ceux qui s'y distinguent, quand vous pleurez comme des victimes malheureuses ces âmes privilégiées qui savent l'abandonner ? Haïssez-vous le monde, quand tous les jours vous adoptez mille traditions corrompues qu'on appelle ses coutumes, et auxquelles vous sacrifiez les maximes saintes de la foi ? Haïssez-vous le monde, quand vous ne reconnoissez au-dessus de votre tête d'autre maître que lui ; que vous aimez à vous tenir en tout dans sa dépendance, et que vous préférez la honte d'être son esclave à l'obligation d'être son vainqueur ? Haïssez-vous le monde, quand vous allez en aveugles à tous les écueils qu'il vous offre, à tous les pièges qu'il vous tend, à tous les abymes qu'il vous ouvre ? quand vous êtes dans l'abattement hors de sa présence, quand vous n'avez de vie que dans son mouvement ? Haïssez-vous le monde, quand de toutes parts vous courez au théâtre où il triomphe, où il règne, où il est, pour ainsi dire, tout entier, avec ses traits les plus enflammés, avec ses poisons les plus funestes, où il réunit toutes ses forces contre la vertu, où son esprit se prend comme une contagion mortelle, où il rassemble, pour perdre, ses dangers divers, répandus séparément dans les autres assemblées profanes, où il fait entrer la mort par tous les sens jusque dans la substance de l'ame ? En vérité, sont-ce là des traits bien marqués de votre haine pour le monde ?

Je l'avoue, dans certains momens favorables où la grace de Jesus-Christ parle à votre cœur, vous trouvez insensés ceux qui se dévouent au monde ; vous vous plaignez que ses joies sont fades, que ses plaisirs sont insipides, qu'il n'accomplit jamais les promesses qu'il a faites ; que l'ennui et le dégoût vous prennent à la source même de la volupté. Si alors dans les chaires chrétiennes, les Ministres de la parole sainte, pour vous rendre le monde plus odieux, vous disent que c'est un imposteur qui n'a de réel que sa vanité, de grand que sa misère, de certain que sa fausseté, de vérité que sa perfidie ; si nous vous disons que le monde est un amas monstrueux d'idolâtres qui n'adorent que leurs passions, une assemblée affreuse de victimes malheureuses qui s'immolent mutuellement, une foule d'aveugles qui se précipitent les uns les autres ; si nous vous disons que le monde est une terre maudite dont le fond est malice, dont la substance est corruption, dont le nom seul est anathême, qui a pour le mal une fécondité si énorme, toujours stérile pour le bien ; où il n'y a que de fausses lumieres et de véritables ténèbres, l'ennemi de Jesus-Christ, le centre du péché, l'empire du démon, la demeure des réprouvés ; où l'on parle le langage de l'enfer ; où les plaisirs ordinaires sont des crimes, où les tristesses sont des désespoirs, où les liaisons sont des horreurs, et non seulement un vuide affreux, mais le mal suprême : vous en convenez avec nous ; vous ajoutez même au tableau des traits plus singuliers, par la connaissance plus particuliere que vous avez du monde, et nous avons la consolation de nous voir surpasser du moins dans l'horreur de ces images : mais dans la pratique en suivez-vous moins ce monde, si odieux pour vous en idée ? Au milieu même de vos plaintes, n'a-t-il pas tout votre amour ? Ne lui sacrifiez-vous point et vos plus belles reflexions, et vos plus tristes expériences ? Ne montrez-vous pas alors entre votre bouche et votre cœur une opposition monstrueuse ? N'êtes-vous pas désabusés et dévoués tout ensemble ? Que servent là-dessus vos lumières, qu'à prouver l'excès de votre aveuglement ? Et rien fait-il voir davantage la violence de votre amour pour lui, que de vous dévouer ainsi à un imposteur reconnu, et tout haïssable qu'il est, de l'idolâtrer encore ?

Enfin, vous et le monde, êtes-vous deux ennemis déclarés ? Il est peut-être le vôtre ; mais êtes-vous le sien ? Malgré vos plaintes, vos chagrins, vous pensez tous comme le monde ; vous parlez, vous agissez, vous louez, vous blâmez comme le monde ; vous jugez, vous décidez, vous estimez, vous craignez, vous désirez, vous espérez comme le monde ; vous aimez, vous haïssez, vous vous affligez, vous vous consolez, vous vivez comme le monde ; vous êtes donc du monde ; vous êtes le monde même. Or, le monde n'est pas chrétien, vous ne l'êtes donc point. Si le monde faisait les Elus, vous seriez peut-être de ce nombre ; mais Jésus-Christ est l'ennemi du monde : qu'espérer de votre sort ? Comme le monde et tout ce qui n'est pas chrétien, vous êtes donc exclus du ciel et de l'espérance de l'éternelle félicité ? Le grand nombre aujourd'hui n'étant ni des scélérats, ni des Saints, par vos mœurs même polies, réglées honnètes, mais mondaines, vous formez ici cette multitude maudite, cette portion réprouvée si immense, qu'elle jette un Dieu dans l'admiration et dans la surprise ; admiration, surprise qui seraient superflues, si vous, et tous ceux qui vous ressemblent, étiez sauvés ; car vos mœurs aujourd'hui étant si communes, si ordinaires, qu'y auroit-il de plus commun, de plus ordinaire que le salut ? Et parce que dans votre vie, et sans renoncer au monde, on ne peut opérer son salut, quoi de plus rare, quoi de plus capable par sa rareté d'émouvoir un Dieu et de vous faire trembler vous-mêmes ? *Quam pauci, etc.*

Mon Dieu ! que cette vérité porte dans l'esprit des idées sombres et amères quand elle pénètre bien un cœur ! Que le monde devient à charge ! Que la solitude paroît desirable ! Qu'on trouve heureux ceux qui vont mourir dans le désert ! Qu'on est tenté de les y suivre ! Mes freres, j'ose le dire, le monde aimé et suivi comme il est aujourd'hui est comme un grand livre toujours ouvert, où plus terriblement que dans l'Evangile même, ceux qui ont les yeux de la foi lisent ces tristes paroles : Beaucoup d'appelés, mais peu d'Elus, *multi vocati, pauci vero electi.*

Mais vous, mes chers auditeurs, voulez-vous sortir de l'anathême ? Imitez ces enfans d'Israël qui dans Babylone même refusèrent d'adorer les dieux étrangers et la statue du Roi impie ; et lorsque le démon, dont le monde, selon les Pères, est ici-bas l'image, l'expression, le modèle, fait prosterner misérablement devant sa figure tous les peuples de l'univers : *Cadentes omnes populi, tribus et linguæ adoraverunt statuam auream*, vous, comme ces ames choisies, répondez-lui avec une hardiesse sainte : *Ecce Deus noster quem colimus,* voilà dans le ciel, sur ces autels, au fond de notre ame. le Dieu unique que nous adorons. Seul il recueille tout notre culte ; seul il nous est le souverain bonheur, le bien suprême et tout ce que nous adorons : *Ecce Deus noster quem colimus.* Mais pour vos dieux faux et périssables, les honneurs, les plaisirs, les richesses, nous les avons en exécration : *Deos tuos non colimus* et nous ne nous en cachons pas par une pusillanimité lâche, nous le disons hardiment, hautement, nous en faisons gloire ; et au milieu de la multitude qui tombe à vos pieds, seuls nous refusons d'adorer le monde qui est votre idole ! *Statutam auream quam erexisti non adoramus.* Vous le sentez donc dans ce tableau si fidèle du Chrétien, où aucun de vous presque ne peut se retrouver, ce qui forme contre vous la conviction du petit nombre ; mais, répliquez-vous, il y en a qui reviennent ensuite à Dieu ; vaine ressource ! peu d'Elus, parce qu'il en est peu qui soient sincèrement convertis, c'est la seconde partie de ce discours.

Second Point

Peu d'Elus, parce qu'après une vie toute déplorable il en est peu qui soient sincèrement convertis ; et plût à Dieu que cette vérité fût plus difficile à prouver que la première ! Ici ne nous livrons point à ces saillies outrées que produit le désir d'allarmer et d'effrayer ; ne suivons pas cette éloquence vaine qui se porte à trop agrandir les objets, pour faire des impressions plus vives. Ne marquons que le nécessaire, et ne donnons point dans l'exagération qui ne conclut rien. Donnons à l'idée de la conversion les bornes les plus précises.

Qu'est-ce que vous convertir à Dieu ? Voici deux paroles bien simples, mais d'un sens si étendu qu'il n'est entendu presque de personne ; vous convertir, c'est d'abord quitter le péché, c'est ensuite expier le péché ; c'est-à-dire haïr l'injustice du vice en l'abandonnant, aimer la justice de Dieu en vous y soumettant. C'est là toute la conversion ; une voie plus douce ne mene pas au ciel. C'est le terme marqué à la miséricorde de Dieu. Un degré au-dessous est la damnation éternelle, et par là qu'elle est commune aux Chrétiens, et qu'aux termes de saint Augustin, un Elu pourroit bien dire ici, à l'égard de plusieurs qui sont réprouvés : Je suis comme un miracle, un prodige, *tanquam prodigium factus sum.*

L'abandon total du péché, cette révolution parfaite, cette ruine de tout ce qui a déplu à Dieu est donc le premier caractère de la conversion, la premiere démarche d'un pécheur touché. Pour anéantir le péché, il faut que le pécheur dise à Dieu, comme celui de l'Ecriture : Dieu de mon cœur, séparez-le de tout désir criminel. Ce n'est que par là qu'il doit mesurer son retour, et se croire écrit au livre de la vie. Or une telle conversion est-elle la vôtre ? Est-elle celle de la multitude ? Dans quel endroit de la terre remarque-t-on cet abandon ? Considérez ce qui vous environne ; étudiez-vous aussi vous-mêmes. Vous avez tous été pécheurs, tous du côté du cœur ne l'êtes-vous pas encore ? A qui Jesus-Christ ne pourroit-il pas faire ici les plaintes amères que Dieu faisoit à cette pénitente trompée : *Non est reversa ad me prævaricatrix soror ejus Juda in toto corde suo, sed in mendacio*, Elle ne s'est convertie qu'en apparence, son cœur n'est point changé, c'est un phantôme de conversion, et non la conversion même : *Sed in mendacio.*

En effet, ô vous tous qui vous glorifiez ici de votre conversion et de votre retour à Dieu, dites-moi où est, dans votre conversion, le changement de votre cœur ; de ce cœur, notre vie, où nous sommes tout ce que nous sommes ; de ce cœur, le premier coupable en nous, et la première victime que Dieu demande ; de ce cœur qui tout entier abandonne Dieu, et qui tout entier doit revenir à Dieu, pour se rétablir dans les droits de son élection bienheureuse ? Où voit-on aujourd'hui de ces cœurs dont toute la force aille à quitter ce qu'ils ont aimé davantage ; et qui, par une métamorphose heureuse, soient aussi pénitens dans la privation des plaisirs, qu'ils furent pécheurs dans leur jouissance ? Aujourd'hui, hélas ! il faut le dire, la conversion foible et partagée ne quitte plus le crime qu'à demi. Si elle renonce à l'orgueil, elle se réserve l'envie. Si elle abandonne la vengeance, elle se retient le ressentiment. Si elle étouffe l'amour des plaisirs grossiers, elle laisse vivre les tendresses criminelles. Toujours quelque objet étranger nous dérobe à Dieu ; toujours quelque péché subtil se cache dans les replis de notre cœur, et comme dans l'endroit le plus profond de notre ame, pour nous damner peut-être subtilement. Tous enfin vous ne faites aujourd'hui, en vous convertissant, que varier vos passions, que mettre l'une à la place de l'autre, qu'en substituer de plus tranquilles à celles qui font plus de bruit ; que vous accommoder au tems, à l'âge, à l'intérêt, aux circonstances. Vous ne dépouillez pas le vieil homme, vous ne faites que le couvrir du nouveau, et vous n'êtes pénitens que dans la surface de l'ame et la pointe de l'esprit. Vous changez les plaisirs des sens pour ceux de l'esprit ; les coupables voluptés, pour la vaine gloire. Vous faites succéder à une vie charnelle que troubloient des remords cuisans, une vie d'amour-propre dont votre cœur s'applaudit. Vous offensez Dieu plus subtilement, avec plus de bienséance et de régularité, et non avec moins de malice et de griéveté. Vous vous ménagez davantage vous-mêmes, vous n'outragez pas moins Jesus-Christ ; vous vous renfermez dans des cercles plus étroits, mais où votre cœur va aussi loin dans le désordre. Vous ne vous lassez plus à courir avec trop de chaleur après les plaisirs tumultueux, mais votre mollesse en fait naître d'aussi délicats, et d'aussi sensibles. Au milieu même de votre retraite, qui n'est souvent qu'une bienséance de l'âge, un régime de vie, un dégoût naturel des plaisirs, la nécessité des affaires plutôt qu'une suite heureuse de la conversion, vous vous faites un monde nouveau où vous avez encore vos assemblées, vos cercles, vos joies, vos plaisirs, vos haines, vos envies, vos médisances, tous les plaisirs, tous les poisons, s'il se peut dire subtilisés, et par-là rendus peut-être plus dangereux, plus funestes : en un mot par-tout vous palliez le vice sans l'abandonner, et si vous vous faites un devoir de sortir du péché, vous ne sortez jamais des occasions qui le firent naître.

Mais en vérité un tel changement doit-il être honoré du nom sacré de conversion ? Est-ce l'ouvrage de la grace ou la punition du péché ? Et de quel nom le qualifier ? sinon d'erreur, d'illusion, de fausseté, de mensonge. *Reversa est... in mendacio* ; lorsque dans cet état déplorable, familiarisés avec les sacremens, vous les recevez sans crainte, ne vous incorporez-vous point votre condamnation ? Ne mangez-vous point votre jugement ; et cette sentence terrible adressée à vous en particulier ne s'exécute-t-elle pas singulièrement dans votre ame ? *Pauci electi*, peu d'Elus. Peu d'Elus ! mon Dieu, entendra-t-on toujours cette terrible parole sans en bien pénétrer le sens ? J'aurais dû vous l'expliquer sans doute. N'être pas Elu, parlons mieux, ne vouloir pas vivre en Elu, qu'est-ce à dire, mes frères ? En l'expliquant je frissonne. Voyez-vous ce sacré Temple ? Dès lors rien n'y est plus pour vous. Voyez-vous ce Sang précieux qui coule sur nos Autels ? Dès lors il ne vous lave plus. Voyez-vous cette Croix, ce signe de salut et de miséricorde ? Dès lors elle ne vous sauve plus. Si, fidelles dans ce moment à la grace qui vous touche, vous voulez revenir à Dieu par une conversion sincère, tous ces biens seroient pour vous. Ne sont-ils pas pour tous les hommes ? Votre lâcheté seule vous en prive, et quels trésors encore elle vous ravit ! Percez le voile ! Voyez-vous dans le séjour de la gloire Jésus brillant de lumière qui fait le bonheur des Saints, qui les inonde de ses délices, dès lors ce bonheur est perdu pour vous. D'une autre part, découvrez-vous ces affreux abîmes, ces brasiers consumans qu'un instant a allumés, et que toute une éternité ne pourra éteindre, si vous demeurez inflexibles, c'est là votre sort, votre destination, votre partage. Qui pèse cette parole : peu d'élus ? Mes frères, il est dans le monde mille craintes vaines, paniques imaginaires qu'il est de la sagesse de surmonter ; mais pour la frayeur que cette vérité imprime, qu'elle est juste, qu'elle est légitime, qu'elle est raisonnable ! Elle doit être aussi grande que ce ciel que nous perdons, aussi grande que cet enfer que nous méritons, pourvu qu'elle conserve l'espérance, pourvu qu'elle excite la ferveur. qu'il est utile de s'y abandonner ! Le comble des maux ne demande-t-il pas le comble de la crainte ?

Mais il y a bien moins d'Elus encore. parce qu'en se convertissant il y en a beaucoup moins qui expient le péché. Car le quitter simplement n'est que la moitié de l'ouvrage ; l'essentiel est de joindre à l'abandon du péché des réparations qui y répondent selon l'ordre exprès de Dieu même. Convertissez-vous. dit-il, satisfaites à ma justice ; ma justice fera ce que n'aura pas fait la vôtre. Et à ce moment ne puis-je donc pas m'écrier ici avec le Prophète Jérémie, invitant comme lui les cieux à m'écouter, les Anges du Seigneur à devenir inconsolables : O que l'abîme a élargi sa fosse ! Que l'enfer s'est ouvert ! Qu'en foule on tombe de toutes parts ! Pourquoi ? il en donne en gémissant la raison bien triste : Tous les hommes outragent Dieu, et nul ne fait pénitence : *Nullus est qui agat pœnitentiam.*

Et en effet je demande qui de vous ici peut se rendre à lui-même ce bienheureux témoignage, que sa conversion est accompagnée de pénitence proportionnée à ses crimes, digne de suppléer aux peines de l'enfer et à une éternité de supplices ? S'il ne falloit qu'avoir une confiance indolente et oisive en la miséricorde de Dieu, sans réparation et sans œuvres ; s'il ne falloit que rouler dans son imagination des projets et des pensées ; s'il ne falloit qu'avoir une conviction profonde de ses malheurs, que sentir même le besoin pressant qu'on a d'appaiser cette justice vengeresse ; si la conversion n'était qu'une simple reminiscence de vos péchés, qu'une accusation timide et fidelle de vos désordres passés, avec la satisfaction extérieure qui la suit, que Dieu se contentât de la surface du cœur et des apparences sensibles : on feroit facilement pénitence, et cet oracle éternel, peu d'Elus, seroit un mensonge. Mais ce qui lui donne aujourd'hui tant de vérité et tant de force, c'est que Dieu demande de vous et au-dedans et au-dehors, dans le cœur et dans les œuvres, des expiations qui répondent à sa grandeur, à son amour, à sa justice, à sa miséricorde même, et qu'il n'en paroît aucune trace en vous. Ce qui donne à ce terrible arrêt tant de réalité et tant d'étendue, c'est que Jésus-Christ exige une pénitence sévère, profonde, sincère, proportionnée à l'énormité de vos péchés ; et que la vôtre est douce, lâche, superficielle. rapportée à votre mollesse, et par conséquent nulle, insuffisante et compatible avec la damnation.

Et comment en effet un Dieu qui a pour le péché une haine

si implacable, si marquée dans les Livres saints et sur sa chair même, se contenteroit-il en vous de ce qui compose aujourd'hui la pénitence commune? De ces jeûnes si adoucis, de ces abstinences si mitigées, de ces prières si rapides, de ces aumônes si modiques, de ces afflictions si mal souffertes, de ces concessions si froides, si ressemblantes, de ces douleurs apparentes et superficielles, de ces foibles violences pour des objets indifférens, qu'on abandonne sans peine ; mais qui ne vont jamais à l'endroit sensible du cœur où sont son amour et son crime ? En vérité Dieu est-il bien dédommagé par cette imposture de pénitence, des expiations si immenses que vous lui devez ? Arbitres de sa cause, lui rendez-vous par là toute la justice que vous lui devez ? Est-ce là le satisfaire à son poids, à sa mesure ? Dieu et vous, n'avez-vous pas ici deux balances, deux justices, deux tribunaux ? L'une peut-elle être substituée à l'autre, et une pénitence si insuffisante, si injurieuse, loin d'assurer votre salut, ne vous fait-elle pas entrer dans la preuve et la conviction de cette vérité toujours plus certaine, toujours plus triste : Beaucoup d'appellés, mais peu d'Elus : *Multi vocati, pauci vero electi*?

Ah ! mes chers frères, si au moment que je vous parle, lorsqu'en général le triste sort d'un réprouvé vous touche, un homme de Dieu, un Prophète, un Ange, venoit vous dire personnellement : *Tu es ille vir*, c'est vous qui l'êtes ; selon vos dispositions présentes, vous êtes une victime de l'enfer : *Tu es ille vir ;* si vous ne changez, peut-être au sortir de ce saint Temple, à l'issue de ce discours, Dieu vous précipitera dans le plus profond abîme : *Tu es ille vir ;* vous seriez saisis d'une frayeur vive et vous auriez raison. Mais quoi ! c'est votre vie qui vous le dit, ce sont vos mœurs et avec autant de certitude que la révélation même d'un Dieu ; c'est votre âme endurcie, c'est votre conscience chargée de crimes, c'est votre cœur impénitent, c'est tout vous-même qui vous le dit, et après vous votre Dieu, votre Sauveur, votre juge et la mort éternelle : vous êtes cependant tranquilles, et vous ne formez pas le projet d'une conversion sincère ; ciel ! quelle stupidité monstrueuse !

Troisième Point

Reste une troisième vérité que la prudence bien plus encore que le temps me défend d'étendre. Tous les mystères ne sont pas cachés dans le sein de Dieu, il en est d'incompréhensibles dans le cœur de l'homme. Peu qui d'abord trouvent le chemin ; encore moins qui y marchent, et beaucoup moins encore qui arrivent au terme et qui conservent jusqu'à la fin le don de Dieu et de la justice recouvrée. Au milieu de nos désertions et de nos chûtes, Dieu est juste. Son abandon trouve une infidélité qui le dévance ; il ne nous quitte jamais le premier ; mais l'homme est la faiblesse même. Il se dégoûte de tout, de Dieu comme du monde ; et lui-même, en cherchant par tiédeur le délassement des fatigues de la vertu, s'engage imperceptiblement dans l'égarement du crime. Le trajet de l'une à l'autre est si rapide, si glissant. Il ne se fortifie pas assez par la prière contre le fond de fragilité qu'il sent dans son cœur, et de là combien retombent et deviennent à eux-mêmes de tristes preuves de la fragilité humaine ! Combien se livrant à leurs foiblesses démentent le système bienheureux qu'ils avoient fait d'une vie toute chrétienne ; Combien ayant élevé à grand frais l'édifice du salut, tout-à-coup le laissent tomber en ruine ! Combien s'arrachent, pour ainsi dire, à eux-mêmes la couronne qui était déjà sur leur front, et terminent tristement leur jour par une infidélité finale !

Je n'ose pas m'arrêter plus longtemps sur cet abîme ; il me donne trop de frayeur ; et pour la dernière fois, forcé ici par une conviction nouvelle, je le dis dans une douleur profonde, les larmes aux yeux, je le dis à la face des saints autels, je le dis dans la chaire de vérité, je le dis sous les yeux de Jésus-Christ, je le dis avec Jesus-Christ même : parmi vous beaucoup d'appelés à la gloire, mais si vos mœurs ne changent, peu d'Elus, peu de sauvés, peu d'héritiers de ce royaume ; *multi vocati, pauci vero electi.*

Mais vous, chrétiens, quelle conséquence tirerez-vous de ce discours ? Est-ce de nous dire encore : Pourquoi prêcher aux fidèles une doctrine si affreuse, un dogme si désespérant ? Plainte injuste ! Accusez-vous les Pères de l'Eglise, les Apôtres, Jésus-Christ même, qui, ayant cette vérité profondément gravée dans l'esprit, ne cherchoient qu'à l'imprimer dans tous les cœurs, dont la lumière connoissait si bien nos besoins et nos maladies ? Ah ! plutôt que ne prèche-t-on cette vérité salutaire ! Que ne la fait-on entendre aux Peuples et aux Grands ! Que ne fait-on gronder sur les plus hautes têtes ce tonnerre divin ! Que de pécheurs le bruit de ce tonnerre est allé réveiller jusques dans le plus profond abîme ! A cet oracle semble être attachée la grace de leur conversion, et on ne l'annonce guère, sans en ramener et en convertir quelqu'un à Dieu.

La conséquence que vous devez tirer de cette vérité n'est donc pas de blâmer ceux qui vous l'annoncent ; mais voici, si vous êtes prudens, ce que vous en devez conclure : c'est de fuir la multitude, puisque dire qu'il y en a peu de sauvés, c'est dire que la multitude est damnée. C'est de vous séparer des mœurs communes ; c'est par avance de vous mettre à part comme une ame choisie, élue, presque seule ; c est de suivre les traces des Saints, de vous appliquer à suivre les pas des Justes, et de marcher avec une application toujours inquiète ; c'est de vous rassurer contre le malheur du grand nombre en vous rangeant avec le petit. Voulez-vous, dit un Père, être du nombre des prédestinés, vivez comme peu vivent : *Esto de numero paucorum, si vis esse de numero electorum.* Vous, Juges de la terre, vivez comme Moïse, comme Samuel ; car ces hommes si équitables sont dans la justice le petit nombre. Vous, prêtres du Seigneur, vivez comme Aaron, comme Onias ; car ces Ministres saints font dans le sanctuaire le petit nombre. Vous, femmes chrétiennes, vivez comme Esther, comme Judith ; car ces femmes pieuses sont dans leur état le petit nombre : *Esto de numero paucorum, si vis esse de numero electorum.*

Voilà l'effet que doit produire en nous, mes frères, cette vérité, et celui que Jésus-Christ veut qu'elle y produise. Si d'abord on lui demande : Qui sera donc sauvé ? Il va aux conséquencs : Faites effort, dit-il. Si ensuite on l'entend s'écrier : Que la porte du ciel est étroite ! il ajoute aussitôt : Faites-vous violence. Quand sera-ce donc, mes frères, que vous entrerez dans les vues saintes de Jésus-Christ ? Lorsqu'il vous annonce encore par ma bouche cette terrible vérité, ne vous aurai-je assemblés dans ce lieu saint que pour vous pénétrer d'une crainte vaine et stérile ? Ne remporterez-vous de ce discours que votre arrêt et la triste conviction de votre infortune ? A Dieu ne plaise ! j'ai de meilleurs sentimens de vous. Au lieu de raisonner encore témérairement sur le secret de votre élection, dont la sagesse même et la bonté de Dieu ont dû vous faire un mystère ; assurez-la, comme dit saint Pierre, par vos œuvres. C'est à vos œuvres à relever ici vos espérances, à calmer vos troubles, à dissiper les sombres nuages qui obscurcissent votre esprit. Ne vous reposez plus si indolemment de votre sort éternel sur la seule miséricorde de Dieu, par une confiance oisive. N'en désespérez pas non plus misérablement par une pusillanimité lâche, abus également contraires la foi ; mais à la confiance oisive, opposez les pratiques constantes de la piété ; mais au désespoir impie, opposez la pensée si consolante que vous êtes tous appelés à la gloire ; que Dieu, selon ses promesses, se tourneroit vers vous si vous vouliez vous convertir à lui. Il ne vous a pas dit : point d'Élus, mais peu d'Élus, pour vous marquer que vous pouvez l'être encore. Enfin, rassurés ici par vos vertus contre vos craintes, aimez à vous donner à vous-mêmes, pour votre repos, toutes les marques les moins équivoques de l'élection, la sainteté et l'innocence ; tous les signes les plus favorables du salut, la pénitence et la conversion ; tous les caractères les plus sensibles de la prédestination, qui sont d'aimer Jésus-Christ avec fidélité, et de le suivre avec persévérance. Après cela, déchargez vos inquiétudes dans le sein de Dieu, et déposez en paix votre salut dans ses mains.

Nous le faisons aujourd'hui, Seigneur ; et contre l'effroi où nous jette cette terrible vérité, vous êtes seul notre asyle. Nous l'avouons tremblans à vos pieds, vous êtes notre maître ; vous pouvez ou nous perdre ou nous sauver. Dans quelqu'endroit que nous soyons, nous servirons à votre gloire, malheureux au fond des enfers, ou enivrés dans le ciel de vos délices ; mais tant d'autres nous font redouter votre justice gardez-nous pour votre amour. Devenez grand en nous par votre miséricorde. *Tu autem, Domine, in æternum permanes.* Eh quoi ! mon Dieu, vous subsistez éternellement ; et avec vous vos bontés, votre compassion, votre tendresse, vos plaies, vos mérites, vos graces : *Et nos peribimus*, et nous péririons ?

nous, votre ouvrage? nous, vos enfans? nous, votre rédemption? nous, couverts de votre sang? nous, comblés de vos graces? nous, ici inconsolables d'avoir pu-vous offenser? *nos peribimus?* Il vous en a tant coûté pour nous sauver, quand nous étions perdus, nous perdriez-vous encore après nous avoir rachetés? Ah! bonté divine! exaucez-nous; charité tendre! touchez-nous; sainteté eternelle! purifiez-nous; patience adorable! attendez-nous; lumière pure! éclairez-nous; miséricorde infinie! ayez pitié de nous; grâce puissante! choisissez-nous; salut du monde! sauvez-nous. Dites ici à mon ame : Je suis ton salut. S'il ne faut que vous demander cette grâce, nos larmes ici l'implorent; faites-nous votre peuple, votre héritage, votre troupeau; afin qu'après avoir vécu sur terre comme le petit nombre, nous puissions vous posséder avec lui dans l'immortalité de votre gloire, que je vous souhaite, mes frères, au nom du Père, et du Fils, et du Saint-Esprit. *Amen.*

FIN

APPROBATION

J'ai lu par ordre de Monseigneur le Garde des Sceaux un Manuscrit qui a pour titre *Sermons contenant le petit Carême, prêchés devant le Roi, par M. de Surian, Evêque de Vence*. Je n'y ai rien trouvé qui puisse en empêcher l'impression. A Paris, le 11 juillet 1777.

Signé : **RIBALLIER**.

APPENDICE

Manuscrits de Mgr J.-B. de Surian conservés avec grand soin à la cure de Vence

CARTON I

1re liasse contient les sermons et les discours inédits de Surian : 1° oraison funèbre de Victor Amédée, 2° panégyrique de saint Louis (deux copies), 3° sermon sur la religion pour l'ouverture d'une assemblée du clergé, 4° sermon sur la religion nécessaire aux cours, prononcée dans une assemblée du clergé (double copie, une de la main de Surian, une autre très nette d'une main étrangère), 6° sermon sur la nécessité de la sanctification prêchée devant le roi (copie très nette), 7° sermon sur le sacrifice du chrétien (copie très difficile à déchiffrer), 8° sermon sur les caractères du chrétien, 9° sur l'aumône (ce n'est pas le même que celui qui est imprimé), 10° sermon pour une vêture (deux copies, l'une de Surian, l'autre très nette, d'une main étrangère), 11° discours de réception à l'Académie française, de la main de Surian, avec de nombreuses variantes, 12° sermon pour la Toussaint, sur la sanctification, prêchée devant le roi (copie de la main de Surian, avec de nombreuses variantes, le discours est incomplet), 13° sermon sur les souffrances, complet, 14° sermon sur l'amour de Dieu, n'a aucun rapport avec le sermon imprimé sous le même titre, 15° sermon sur la prière, prêché devant le roi, autre que l'imprimé, 16° mandement pour la naissance du Dauphin, 17° fragments de l'oraison funèbre de Louis XIV, 18° compliments au roi Louis XV, à la reine, au cardinal de Noailles, 19° instructions pour le clergé.

2me liasse, renferme les sermons déjà imprimés.

3me liasse renferme des fragments de discours dont la suite est perdue.

CARTON II

Ce carton renferme en une seule liasse toutes les *notes* recueillies par Surian pour servir à ses sermons ; la plupart datent de son séjour à l'Oratoire, comme l'indiquent, outre l'écriture, plusieurs détails du texte. C'est un travail immense, mais qui ne peut être utile qu'à consulter. Le sujet est généralement indiqué à la marge. En beaucoup d'endroits on trouve des développements assez longs.

15 gros cahiers et plusieurs petits.

CARTON III

La première liasse contient neuf gros cahiers et une quantité de feuilles détachées où se trouvent pêle-mêle des souvenirs souvent curieux de l'histoire ecclésiastique, de l'histoire profane, des extraits d'auteurs, des remarques sur les sciences et les arts, enfin des pensées, mais celles-ci exigent un grand travail de contrôle, car, à côté de celles qui lui sont personnelles, il y en a d'autres simplement extraites ou imitées des auteurs familiers à l'évêque de Vence.

La seconde liasse contient tout ce qui a rapport aux affaires du Jansénisme ; il y a de nombreux extraits de mandements d'évêques, des factums du temps et aussi des réflexions personnelles ; mais il paraît impossible de marquer exactement où s'arrête la transcription et où commence le travail de l'évêque de Vence.

La troisième liasse contient tout ce que M. le chanoine Bruny, curé de Vence, a rencontré dans les papiers d'étranger aux sermons et discours. Il y a des pièces qui datent du temps où Surian était professeur ; il y en a qui sont postérieures à sa mort.

CARTON IV

Fragments absolument décousus, phrases détachées et brouillons de sermons.

Marseille.— Imprimerie Marseillaise, rue Sainte, 39.

L'ÉPISCOPAT PROVENÇAL AU XVIIIme SIÈCLE

Ont paru :

Monseigneur DE BELSUNCE, Evêque de Marseille (1670 1755), 2 vol. in-8°, Delhomme et Briguet.

Monseigneur DE FORESTA-COLLONGUE, Evêque d'Apt (1654-1736), in-8°, Boy, Marseille. (*Epuisé.*)

Monseigneur DE CADENET-CHARLEVAL, Evêque d'Agde (1710-1759), in-8°. (*Epuisé.*)

Monseigneur DE FORBIN-JANSON, Archevêque d'Arles (....-1741), in-8°, Boy, Marseille. (*Epuisé.*)

Monseigneur D'INGUIMBERT, Evêque de Carpentras (1683-1757), in-8°, Boy, Marseille.

Monseigneur LAFITAU, Evêque de Sisteron (1719-1764), in-8°, Boy, Marseille.

Monseigneur DE BRANCAS, Archevêque d'Aix (1693-1770), in-8°, Makaire, Aix. (*Epuisé.*)

Monseigneur DE MESGRIGNY, Evêque de Grasse (1653-1726), in-8°, Boy, Marseille.

Monseigneur DE RUFFO-BONNEVAL, Evêque de Senez (1747-1837), in-8°, Boy, Marseille.

Monseigneur DU LAU, Archevêque d'Arles (1755-1792), in-8°, Boy, Marseille.

Monseigneur DE SURIAN, Evêque de Vence (1727-1754), in-8°, Boy, Marseille.

En préparation :

Monseigneur de VINTIMILLE, Archevêque de Paris, auparavant Archevêque d'Aix (1684-1708).

Monseigneur DE GONTERI, Archevêque d'Avignon (1706-1742).

Monseigneur DE MALLISOLES, Evêque de Gap (1705-1742).

Monseigneur DE CASTELLANE, Evêque de Fréjus (1715-1739).

Monseigneur DE TENCIN, Archevêque de Lyon (1724-1740).

Monseigneur DE LA TOUR DU PIN, Evêque de Toulon (1712-1737).

Monseigneur DE TRESSEMANES, Evêque de Glandevès (1755-1771).

www.ingramcontent.com/pod-product-compliance
Ingram Content Group UK Ltd.
Pitfield, Milton Keynes, MK11 3LW, UK
UKHW021104290826
14628UKWH00014B/451

9 782329 510644